東洋経済新報社

荒木光弥〔著〕

末廣昭・宮城大蔵・千野境子・高木佑輔〔編〕

国際協力の戦後史

はじめに

国際開発ジャーナル社の社長、会長を歴任した荒木光弥氏は、日本の国際協力の世界で広く知られる存在である。１９３６年生まれの荒木氏は、１９６４年、28歳のときに『ソ連邦東欧産業貿易総覧』の販売営業マンを募集という世界経済研究協会の新聞広告に目を留め、同協会に職を得る。その後、半世紀以上にわたる国際協力との関わりの始まりであった。

とはいえ、当時の日本には対外援助、国際協力といった発想はなく、東南アジア諸国への賠償さえ、「安かろう、悪かろう」と競争力を欠く日本製品の輸出促進策と絡めて語られる時代であった。１９６７年の『国際開発ジャーナル』創刊に際しては、世界的な国際協力の概念と言葉を、どのように日本語に置き換えるか、喧々諤々《けんけんがくがく》の議論が交わされたという。１９７０年代には石油危機や食糧危機が起きる。これに対応するための資源獲得戦略を背景にＪＩＣＡ（国際協力事業団）は構想されたと荒木氏は言うが、他ならぬ荒木氏自身がＪＩＣＡ発足に一枚かんでいたことが、本書における語りで明かされる。

荒木氏は長年の取材を通じて外務省や財務省（大蔵省）、そして国際協力に関心を持つ政治家に広くネットワークを築き、ときには自らが水面下でアクターとして動いた。官僚であれば定期的な異動はつきものであり、国際協力分野に特化した政治家というのも想定しづらい。その黎明期から現在に至るまで、援助プロジェクトの現場、そして援助政策やその方向性を形づくる霞が関、永田町の内奥をともに知り尽くす荒木氏は、日本の国際協力の戦後史について、実に稀有な証言者と言うべきであろう。

筆者（宮城）は荒木氏と、２０００年代後半に政策研究大学院大学で行われていた「新しい日本のＯＤＡを語る会」「日本のＯＤＡを変える会」で知己を得たが、援助の実施機関であるＪＩＣＡをはじめ、ＮＰＯ、学会、官界、政界、メディアと国際協力のさまざまな関係者が一堂に集うこれらの研究会で、常に「ご意見番」として大局的、包括的な知見で議論をまとめ、方向付ける荒木氏の話しぶりは、戦後日本のアジア外交を専門とする筆者にとっても、大変に魅力的で刺激に富むものであった。

その後も折に触れて荒木氏のお話をうかがっていたが、より網羅的に聞き取りをすべきではないかという思いを深めるようになり、同様の考えを持ち、荒木氏と以前から親交の深い東南アジア経済論の末廣昭教授（学習院大学）と日本の国際協力にも知見の深いジャーナリストの千野境子氏（元産経新聞論説委員長）、それに東南アジア政治経済論を専門とする高木佑輔氏（政策研究大学院大学）も加わって聞き取りを実施した。大部となったインタビュー記録の整理と内容の補足などで時間を費やすことになったが、こうして刊行に漕ぎつけることができて安堵している。

国際協力は日本と国際社会を結び付ける紐帯であり、「平和国家」を標榜してきた日本にとって、それはとりわけ大切なものであった。起伏に富む戦後日本の国際協力の歩みを内在的に理解し、今後の展望と構想を実り豊かなものとする上で、本書における聞き取りが資するところは小さくないと思うのである。

２０２０年９月

宮城　大蔵

目次

はじめに 1

第1章 「戦前派」の水脈と『国際開発ジャーナル』創刊

［1］賠償から援助へ 12

シベリアへの興味がきっかけで 12

コラム1 大来佐武郎——国際経済協力の「知」を支えた巨人 16

戦前からの水脈 18

賠償をめぐって 21

東南アジアと満洲国 24

『国際開発ジャーナル』の創刊 26

賠償という名の貿易促進 29

「国際開発」という訳語をめぐって 30

支援をしてくれた財界 32

［2］経済協力から国際協力へ 35

33歳で社長に就任する 35

経済的な実利と国際的な理念 37

曲がり角に来ていたアジアとの関係 41

タイド、アンタイドをめぐる議論 45

コラム2 賠償と円借款 49

「経済協力」は日本独自の概念 51

印象に残るプロジェクト 56

賠償の功罪をめぐって 59

第2章 資源獲得戦略とJICA創設

［1］JICA創設までの経緯 64

JICAの設立をめぐって 64

政治家湊徹郎との協力関係 74

世界経済研究協会からの縁 75

荒木のJICA創設へのかかわり 78

設置法作成における農水省との連携　80
反日機運とは一線を画したＪＩＣＡ創設構想　83
国際協力を目指す二人が意気投合　85
コラム3　ＪＩＣＡ設立と湊徹郎提言集　90
資源確保から開発輸入へ　92
コラム4　食糧・石油危機と資源ナショナリズム　95
幻に消えた中山素平ＪＩＣＡ初代総裁案　97
湊徹郎と大蔵省　100
円借款と韓国に対する政府借款　102

〔2〕
政治家と援助　104
田中角栄と福田赳夫の国際感覚　104
大来佐武郎の選挙活動をとり仕切る　107
東南アジアからの集金　110
援助と政治家　112
援助とフィクサーの暗躍　115
岸信介の系譜　117
国際潮流を志向した大来佐武郎　119
永田町と国際開発　125

［3］ＪＩＣＡの国際協力　127

経済協力か国際協力か　127
ＪＩＣＡと資源確保の現実　129
地域研究の必要性と実際　131
冷戦期の日本に期待された経済援助　134
国内政治と援助の経済分野への特化　137

第3章　アメリカの対日圧力とＯＤＡの急増

［1］援助と外交　140

日米貿易摩擦交渉と日本の黒字還流計画　140
対ヨーロッパ外交とアフリカ援助　149
　コラム5　ＯＤＡ中期目標と資金還流計画　153
大蔵省と援助政策　155
円借款と大蔵省　157
アジア通貨危機への対応にみる日本の意図せざる政策　159
ニューエイドプランの試みとＯＤＡ減額の始まり　165

［2］大国化のひずみ　169
外圧によるODA予算の急拡大　169
予算急拡大の顛末　171
マルコス疑惑　172
コラム6　マルコス疑惑とその結末　178
検察による第二のロッキード化の目論見　180

第4章　ODAの終焉から新しい国際協力へ

［1］第一次ODA大綱　186
冷戦終結と湾岸戦争から改革の機運　186
80年代半ばから始まっていた改革の議論　190
コラム7　第一次と第二次ODA大綱　194
野党の方が先行した国際開発協力法案　196
国会で議論がなかったODA・援助論　198
アジア重視と福田ドクトリン　201
日本・ASEAN・アメリカのネットワーク　205

21世紀に向けてのODA改革懇談会 212
国際協力銀行誕生の背景 216

〔2〕第二次ODA改革懇談会 220
国民参加論で国益論を押しやる 220
懇談会メンバーはどのように選ぶか 223
つくられなかった国際協力人材開発センター 225
国別援助戦略を内々で持っていた外務省 227
「国際協力に関する有識者会議」と官民連携 231
財務省の役割 233
経産省の役割 238
ODA改革はどの程度達成されたか 243
対中ODAはなんだったのか 245
ODAの世界を変えた中国 249

〔3〕ODAのこれからと展望 251
ODAの終焉と開発協力大綱 251
国民基金構想 253
コラム[8] 国益論と開発協力大綱 258

解　題　戦後日本のODAと荒木光弥　260
付　表　281
編者紹介　298

第1章

「戦前派」の水脈と『国際開発ジャーナル』創刊

［1］ 賠償から援助へ

シベリアへの興味がきっかけで

――荒木さんは援助の世界に長らく携わってこられましたが、最初はどのようなことがきっかけだったのでしょうか。

荒木 もともと、もの書きになりたかったんですよ。大学も同志社の新聞学科でした。大学では学生新聞部に所属して同志社創設の周年記念雑誌づくりの資金集めをしたり、シナリオ作家になろうという夢を抱いて大学のシナリオ研究会に入り、シナリオの書き方の基本を勉強したりしていました。

本当はそちらで食べていこうと思っていたのです。社会派シナリオライター、ノンフィクションライターを目指して、一時は大船にある松竹映画撮影所のシナリオ部に入ることも決まっていたんですけどね。

小さな業界新聞社で働いたこともあったけれども、海外を舞台とするスケールの大きな物語のネタは見つかりそうにもない。悶々としているときに、社団法人の世界経済研究協会が『ソ連邦東欧産業貿易総覧』の販売営業マンを募集という広告が新聞で目にとまった。当時は謎だらけのソ連ですから、シベリアで一発勝負の面白いネタが拾えるかもしれないと野心が燃えたんですね。

――どうしてシベリアだったのですか。

荒木　東西冷戦時代ですから、ソ連が関係するスパイ小説まがいのノンフィクションを書くことに熱中していたんです。僕が学生の頃にラストボロフ事件（１９５４年）というのがあったんですよ。駐日ソ連代表部のラストボロフ二等書記官がアメリカに亡命したという事件ですが、日本で活動しながら二重スパイをしていたのではないでしょうか。事件に関連して取り調べを受けた日本の外務官僚に自殺者が出たりして、当時は大騒ぎになりました。僕はこのような事件を追っかけていて、ドキュメンタリーで一冊、本を書きたいと思っていました。それでソ連極東のナホトカ、ウラジオストック、さらに奥地まで行って取材をしたいと思っていて。

そんなときに、さきほどの新聞広告に目がとまったんです。就職は、面談一発で決まりました。協会の五十嵐《いがらし》隆《たかし》専務は、後で「目が大きく、なにかを求めているような野性的な目であった」と、そのときの印象を話してくれました。私としてはシベリアに渡りたい一心だったのですが（笑）。当時１９６４年（昭和39年）、私が28歳のときです。

とはいえ、一冊1万円もする高価な本を売らなくてはならない。こんな本は利害関係者しか買わないだろうと判断して、本の執筆者の一人で、当時、林野庁調査課長だった神足勝浩《こうたりかつひろ》さんを通じて、300冊も購入してもらいました。当時、林野庁はシベリア北方材の開発輸入を考えていたんですね。これが縁で、その後、林業の政治団体のボスとなった神足さんとは、後で触れる国際協力事業団の創設のときに政界工作の良きパートナーとなったし、国際開発ジャーナルの株式会社化では出資者にもなってくれました。

私を雇った五十嵐氏は、世界経済研究協会の親組織ともいうべき国際日本協会の専務理事を兼務していたのですが、国際日本協会では大物国会議員だった自民党の石田博英《いしだひろひで》を中心に極東シベリア研究会を主催していました。研究会の目的は、太平洋ベルト地帯に対抗して、ソ連沿海州を巻き込んだ日本海経済圏を創出しようというものです。幸運なことに私はその研究会の事務局長を命じられたのです。

この研究会で、私は当時、経済企画庁総合開発局長だった大来佐武郎《おおきたさぶろう》先生（後出、コラム1も参照）や、日本銀行監事だった鈴木源吾《すずきげんご》先生と出会いました。私の人生にとって運命ともいうべき出会いでした。

――貴重な出会いの機会になったのですね。結局、ソ連には行かれたのですか。

荒木　1960年代に林野庁が仕掛けた林業調査団というのがあったんですよ。ソ連から木材を入れるためということで、神足さんなどが音頭をとって。僕もカバン持ちで行くからと言ってウラジオストックから奥地のブラーツクまで行きました。キコリのおじさんが、ウォッカを飲みながら木を切っているんだ。あれはびっくりしたなあ。森林などは撮りましたが、街は撮らせてくれませんでしたね。米ソ冷戦下での東西対決が厳しい時代でしたから。

――荒木さんは大阪で生まれて、すぐにお父様がお仕事をしておられたパラオに渡り、日米開戦後に引き揚げるまで過ごしておられますね。お父様はアラフラ海の真珠貝採取に携わるなど、いわば日本の「南進」の系譜に連なっておいでですが、荒木さんは一転して北のシベリアを目指した形ですね。

荒木　シベリアは創作上の関心で目指していたわけですが、本来の本能はやっぱり南を向いていたんですよね。南の国で生まれ育ったという私の本能。仕事でかかわることになるインドネシアやフィリピンといった東南アジアの国々には非常に親近感があって、やはり自分に南の血が流れていることを実感することになりました。

コラム１　大来佐武郎――国際経済協力の「知」を支えた巨人

荒木が長く編集長をつとめた『国際開発ジャーナル』の産みの親で、荒木が生涯の師として尊敬してやまないのが、大来佐武郎（１９１４―１９９３年、78歳没）である。大来は１９１４年11月３日、関東州大連市（現中国遼寧省）に生まれ、その後、東京の府立一中（現日比谷高校）、第一高等学校をへて、東京帝国大学工学部を卒業。逓信省に入り、中国に派遣されて興亜院で電力供給の調査に従事。その後、１９４２年には大東亜省に移籍し、物資動員計画の策定に従事した。

１９４７年、経済安定本部の調査課長となり、48年から51年まで『経済白書』の執筆責任者を務めた。１９５２年から53年は国連アジア極東経済委員会（ＥＣＡＦＥ）事務局の経済分析課長として、アジア諸国の経済開発問題に取り組む。１９６０年、経済企画庁総合計画課長として「国民所得倍増計画」の策定に参加。１９６３年、経済企画庁を退任。翌１９６４年、日本経済新聞社の圓城寺次郎主幹の要請で、日本経済研究センターの初代理事長に就任。戦後世界の国際経済協力の方向付けを行った世界銀行の国際開発委員会（通称ピアソン委員会）と国連開発計画委員会（ＵＮＤＰ、ティンバーゲン委員会）に、日本代表の一人として参加した。

そうした功績で１９７１年にマグサイサイ賞を受賞している。

１９７３年には海外経済協力基金（のち国際協力銀行に改組）の総裁に就任。１９７７年、新自由クラブから参議院議員選挙に全国区から立候補したが、総合順位59位で落選した。荒木はこの選挙の事務局長を務めている。一方、２年後の１９７９年11月、第二次大平内閣の外務大臣（民間人として歴代二人目）に就任し、大平首相の「環太平洋連帯構想」の政策づくりに協力した。１９８２年、国連大学初代学長。さらに、晩年は「日中知識交流会」を通じて、日本の戦後復興と高度成長の経験を中国に伝えるという役割を果たした。

大来佐武郎は「世界のＯＫＩＴＡ」として世界中に友人を持ち、とりわけアジア諸国からは、経済開発の立案・運営に対する知的アドバイザーとして親しみと尊敬を集めた。その背景には、大来の戦後の経済官僚としての経験や経済協力に関連した国際委員会での活躍が大いに寄与したという。氏と国際経済協力の関係については、荒木光弥『創刊物語』（国際開発ジャーナル創刊40周年、２００７年）に詳しい。また氏の業績を記念して、開発経済学等における優秀な研究図書を顕彰する「国際開発研究大来賞」が、国際開発機構（ＦＡＳＩＤ）のもとに創設されている。

戦前からの水脈

――それにしても荒木さんが入った世界経済研究協会にはいろいろな方が集っていたのですね。

荒木　そもそも私を雇った協会専務理事の五十嵐さんが、当時の私からすれば謎だらけの人生を送ってきたような人物でしたね。大陸浪人風で、シナリオのネタに飢えていた私にとっては異常なほどに好奇心を掻き立てる存在でした。五十嵐さんは社団法人世界経済研究協会を設立した国際日本協会の事務理事で、当時は実質的な経営者でした。国際日本協会（戦前は國際日本協會）は戦前の１９３４年（昭和９年）に「平和で豊かな世界をつくる」を目的に掲げて創設されましたが、一時はアジア主義で知られる大川周明《おおかわしゅうめい》が理事長をつとめていたこともありました。

　五十嵐さんは戦前には満鉄調査部から台湾総督府まで駆けずり回って人脈を広げており、その関係もあって國際日本協會は『蘭印統計書』『比律賓統計書』といったアジアの統計にかかわる書籍をたくさん出版しています。國際日本協會と大川の関係も、五十嵐さんが満鉄調査部に出入りして調査事業や出版事業を下請した時期に知り合ったと聞いていました。五十嵐さんはのちに『国際開発ジャーナル』の名付け親の一人になる鈴木源吾先生とも、『台湾総督府年報』の仕事で知り合っています。

――國際日本協會は戦後にも引き継がれたのですね。

荒木　戦後は休眠状態になっていたのですが、１９５３年に五十嵐さんが協会を復活させ、月刊『日本と世界』の発行が初仕事でした。56年には当時の国際経済学会の長老であった赤松《あかまつ》要《かなめ》（一橋大学教授）先生などの指導で名前を月刊『世界経済評論』に改め、その実績の上で62年に赤松先生を理事長にして社団法人世界経済研究協会を立ち上げ、若い学者の登竜門として月刊『世界経済評論』を創刊しました。当時は世界経済を語れる学者はきわめて少ない時代です。そのような中で新たに大来佐武郎、山本登《やまもとのぼる》（慶應義塾大教授）、原覚天《はらかくてん》（関東学院大教授）などを中心とする流れができ、やがて『国際開発ジャーナル』が創刊されることになるのです。私は門前の小僧が習わぬお経を唱えるように、赤松先生の世界的に知られる雁行形態論を勉強したものです。

その一方で五十嵐さんは、池田勇人政権の当時、次の政権をねらっていた佐藤栄作のために世界経済を学ぶ会を催すなど、政界とのネットワークづくりにも熱心でした。ただ五十嵐さんには一種の出版癖があって、ボリュームのある年報、年鑑ものの刊行が大好きでね。とにかく経費がかかって仕方がない。いつも赤字出版の連続で、五十嵐さんが故郷の富山で遺産として引き継いだ山林を売り払っては、金食い虫のような巨大な年鑑づくりに熱中していました。私が就職するきっかけになった『ソ連邦東欧産業貿易総覧』もその一環だったわけですけどね。やがて五十嵐さんは「東西対決」ではなく、「東西緊張緩和による南北問題の解決」という世界的な潮流を読み取って、１９６７年（昭和42年）に『国際開発ジャーナル』の創刊を決意するわけです。

――先ほど出た鈴木源吾さんは台湾総督府におられたのですね。

荒木　鈴木先生はもともと台北高等商業学校で教鞭をとっていたのですが、台湾総督府がアメリカの商工業を研究するために、鈴木先生をアメリカのウィスコンシン大学に派遣留学させたんですよ。１９２７年の帰国後は名古屋商業高校で教えましたが、３年後には台北高等商業学校の助教授、そして教授となって英語や商工経営などを教えたのです。このとき鈴木先生に英語を教わった子弟たちが、戦後復興で商社マンとして活躍することになります。私も東南アジアの取材などで、鈴木先生の教え子である商社マンたちにずいぶんと世話になりました。

　鈴木先生は終戦後も蒋介石政権の顧問や台湾大学法学院教授、駐留米軍の通訳などとして台湾に強制的に残され、１９４８年まで台湾政府の経済・金融政策をはじめ、行政などの新しい国家事業に参加して、台湾での国民党政府のスタートに大きく寄与することになりました。

　鈴木先生は１９４８年の帰国後には大蔵省財務参事官としてＧＨＱの通訳官をつとめ、池田勇人政権のときに駐米公使とＩＭＦの理事に任じられています。帰国後は日銀監事に就任し、『国際開発ジャーナル』の草創期には独自の人脈を活かしてクライアントをつくってくれるなど、経営面で支援するだけでなく、世界的な情報ネットワークを活かして編集上の情報収集も助けてくれるなど、私にとっても『国際開発ジャーナル』にとっても大恩人です。

——やはり当時ですから、いろいろと戦前からの水脈が流れているのですね。

荒木　戦前からの流れという意味では、『国際開発ジャーナル』の立ち上げに際して初代の編集長に就任した梶谷善久《かじたによしひさ》さんは、戦時中にインドネシアに報道班員として派遣されたという人でした。報道の自由が軍部の圧力によってねじ伏せられたことに対する悔恨を終生持ち続け、語り続けていましたね。梶谷さんは終戦後には朝日新聞社に復帰したけれども、今度はレッド・パージに引っかかって朝日を解雇された。８年間の法廷闘争で勝訴して復職を果たしますが、朝日の外報部を退職して評論活動をしていたのを、五十嵐さんが口説いたのです。

梶谷さんは、戦前のような民族解放の美名の下での大東亜共栄圏ではなく、真に弱者を救済して、新しいアジアの国づくりに寄与できるジャーナリズムを興そうとしていたので『国際開発ジャーナル』の創刊に参加したと語っていました。当時駆け出しだった私は、梶谷さんという戦前のアジアを熟知しているジャーナリストに心服していました。

賠償をめぐって

——日本の場合、援助、あるいは経済協力は戦争賠償との連関で始まったと言われますが、賠償について、荒木さんはどのようにご覧になっていましたか。

荒木　賠償についてはサンフランシスコ講和条約で基本的な枠組みができましたが、実際にそれを国内で動かしたのは戦前組ですよ。インドネシアとの賠償交渉をまとめた岸信介さんにしても戦前の商工省でしょう（1925年入省、35年工務局長、39年商工次官）。ああいう人たちや、軍人のOBも国会議員として活動していました。彼らはわれわれが戦争でアジアに迷惑をかけたと本当にまじめに考えて、われわれは賠償しなきゃいかん、助けてあげなきゃいかんと、本音で思っていた。特にビルマなどはそうだったと思いますよ。

ですから賠償は一見、外圧でやったという説もあるけれども、戦前に活躍した日本の人たちが自発的に国会で工作をして、日本として賠償をやっていくべきだと考えていた。そこは間違いないと僕は思っていましたけどね。米国も極東の防衛ということもあって、日本の東南アジアとの賠償交渉を裏でサポートしていたのではないでしょうか。

――　国内では具体的にどのような働きかけがあったのでしょうか。

荒木　戦前派の国会議員たちは、ビルマ賠償などでも大蔵省当局に圧力をかけていたのではないでしょうか。大蔵省は賠償の額をなるべく値切った方がいいということだけれども、それでは交渉担当に当たる外務省は困る。だから外務省は助かったんですよ。戦前派の議員たちがあまり減らすなと言って暴れてくれたから。

――その一方で賠償は経済協力とセットになりますね。

荒木　岸さんなどは、その流れに乗ってそのままいき、賠償プラスその後の経済協力と全部関連して、最後にはOECF、つまり今のJICA（国際協力機構）の円借款の方を担当していた海外経済協力基金の母体をつくった形になりますね。

――戦争で東南アジア諸国に迷惑をかけたので、日本が助けねばという発想の戦前組のみなさんには、賠償が日本のアジアへの再進出の橋頭堡になるといった意識はあまりなかったのでしょうか。

荒木　あまりなかったと思いますよ。岸さんなどは日本とアメリカが協力して、戦後のアジアの開発をやろうとアメリカに開発協力基金づくりをアプローチしていますね。ですが、それは日本の責任だろうということでアメリカから蹴られてしまって開発資金という面で日米協力は成立しない。それで、日本単独である程度やろうということになり、海外経済協力基金創設を考えたわけですね。賠償の続きの話になりますが。

――そういった戦前組のみなさんは、かかわる国によって色合いが異なるといったことはあったのでしょうか。

荒木　そう。やはりなんというか、トーンが違っていましたね。賠償問題をバックアップする日本国内の政治勢力、国会議員などのグループがあって、例えばフィリピン・グループ、それからビルマ・グループというのが強かったですね。
ですが、なんといっても一番の中心はインドネシア・グループ。賠償も含めて戦後のスカルノ、スハルトと四つに組んで、日本はインドネシアと一心同体の状態でしたから。自民党を中心に、歴代の首相をはじめいろんな人たちが噛んでいましたね。あるときインドネシアに行って、日本大使の招待で日本料亭に行ったんですよ。おかみさんは日本人。そこで賠償時代の国会議員の話をいろいろしていたら、そのおかみさんが乗り出してきて、「そういう話は久しぶりに聞いた」「また明日もいらっしゃいませんか」とおかみさんに言われて。賠償のときの国会議員とのかかわり合いをすごく語っていましたね。

――いつ頃の話ですか？

荒木　１９８０年代の半ばぐらいです。インドネシアの場合は、佐藤内閣のときが石油資源開発の関係で、一番、日本がインドネシアに入れ込んだ時期だったと思いますが。

東南アジアと満洲国

――戦前組といえば、満洲や朝鮮半島の開発に携わっていた人たちもいたわけですが、東南アジアの戦前組と色合いの違いといったものがあるのでしょうか。

荒木　違いますね。岸さんが戦後、首相になってインドをはじめアジアの数カ国を一気に回って経済協力の話をしてくるわけですね。その際に彼が発案したアジア開発基金構想がＯＥＣＦ（海外経済協力基金）創設につながっていくわけです。そこは大東亜共栄圏的な発想が根底に働いていたかもしれない。

――　岸首相の発想はもともと満洲国開発なんですよね。

荒木　ＯＤＡで言うところのマスタープラン（総合開発計画）という発想がそうなんです。マスタープランという考え方も手法も日本にしかありませんが、これは満洲の総合開発計画から来ているんですよ。それをわれわれが今、途上国援助で使っているわけです。途上国の開発援助をやるときに、その国のマスタープランをつくって援助のプライオリティーを決めていこうというやり方ですね。

――　戦後の経済安定本部などには、満洲国の開発にかかわってきた人たちが流れてきていますよね。ところで、戦後の官庁は逓信省出身のグループと商工省出身のグループがあって、けっこうぶつかっていたのでしょうか。

荒木　ぶつかっていましたね。大来先生などは逓信省ですから。そして、理系の出身です。東大で電気をやっていましたから。

――　だからあまりイデオロギーを振り回さない。それに対して梶谷さん（初代の『国際開発ジャーナル』編集長で、元朝日新聞記者）などはガチガチの左寄りのイデオロギーを主張するわけでしょう。

荒木　そうそう。ですから、大来先生や鈴木先生などは非常にソフトで、梶谷さんの主張には困惑していましたね。特にベトナム戦争に関して「国際開発ジャーナル」で毎号、強烈にアメリカ批判をしていたのには困惑していました。

『国際開発ジャーナル』の創刊

――『国際開発ジャーナル』の創刊は１９６７年ですね。当時は南北問題、ベトナム戦争、それからＧＮＰ０・７％を目指して、日本も援助を増やしていかねばという機運があったかと思います。その中で、なぜこのジャーナルという知的なものを始めることになったのか。どのようなことが念頭にあったのですか。

荒木　さきほどお話したように、もともと私の関心はソ連にあったのですが、時代の流れは米ソの東西対決から南北問題へと大きく動いていました。米ソが対決していては世界的な平和は訪れない。本当の世界平和を達成するには、独立を果たしたものの発展から取り残されているアジアやアフリカなどの若い国々を助けることではないか。アメリカのケネディ大統領がそう呼びかけたことがきっかけで、１９６０年代は国連が掲げた「開発の10年」ということになります。それで１９６０年代はやってきたが、そろそろ１９７０年代に差しかかろうという67、68年には、これから70年代の途上国の援助というのをどうすべきかと、いろいろ世界的な議論が起きていたんですね。

カナダのピアソン首相を中心とした世界銀行のピアソン委員会などが設けられ、それらに大来先生は委員で参加しておられました。もう一人は、さきほども話に出た鈴木源吾さんで、池田勇人政権のときに世銀とＩＭＦの初代の主席駐在員として指名された方です。鈴木さんは英語がとてもできて、占領期にはＧＨＱとの間で大蔵省の通訳官をやっていたこともある。

多くの国際会議に出席していた大来先生や鈴木先生によれば、どうもワシントンあたりで新しい開発戦略が模索されているようであると。アメリカでも、あるいはカナダでも、開発研究所をつくろうという機運が盛り上がっているというわけです。その流れの中で日本でも大来先生を理事長とする財団法人国際開発センターを立ち上げます。国際開発センターも『国際開発ジャーナル』も、欧米で起きている途上国援助の開発戦略を考えていこうという機運の中でできあがったもので、その創設には、国際的な潮流をいち早く察知した大来先生と鈴木源吾先生が深くかかわっていたのです。

――当時の日本ではそのような問題意識が共有されていたのでしょうか。

荒木　大きなギャップがありましたよ。新しい開発戦略ということで、国際的な会議が頻繁にあるわけですね。その傍らで、どうも日本の中では盛り上がらない。世界はもう南北問題の時代に突入しているのに、日本社会も日本政府も盛り上がらないという状態で。言ってみれば日本はまだ、賠償の延長みたいなところに留まっているというような状態でした。

日本はそれまで賠償はやっていましたから、それで援助をしていることになるんじゃないのと。霞が関あたりもそういう感じでしたね。ただ、通産省は途上国の特恵関税という点で、援助には敏感でしたね。いずれにせよ問題意識が欧米に比べて全然違うわけですよ。それに対して、賠償はあくまでも賠償であって援助ではない。新しい国づくりを支援するのが援助であり、賠償とは切り離して考えていこうという流れが１９６０年代後半に強まった。

要するに世界的にみれば南北問題というのがまず出てきて、それまでの米ソ間の対立から、アメリカではケネディ大統領がアジアやアフリカの新興国を対象に資本主義社会を構築しようとする。かたや社会主義のソ連は社会主義の国をつくっていきたいという、別の形の競い合いとなって、二国間の冷戦が全部、南北へなだれ込んでいくという、そういう時代の背景がありました。

賠償という名の貿易促進

荒木　その中で日本がアジアにおいてなにをすべきか。それまで賠償をしてきたと言いますが、賠償を通じた援助というのは、中身が貿易なんですよ。ほとんど日本でできた産品、工業製品や資本財を東南アジアに持っていくという話ですから。これは完全に日本からの資本財輸出であり、貿易促進だと捉えられても仕方がないものでした。事実、それによって日本の産業界が勢いづいて、戦後の日本経済を発展させる上で大きなインパクトを与えることになる。

もちろん、日本経済の復興にはそれだけではなく世界銀行の支援などもあるわけですが、とにかくＧＨＱも含めて、朝鮮戦争の頃から日本経済を復興させることに重点が移りましたね。その流れがずっとあって、言ってみればアジアに対してアメリカは軍事、それに対して日本は経済を引き受ける。そういう一種の役割分担で、アジアにおけるアメリカ陣営のテリトリーというか、社会主義圏に対抗する勢力圏をつくっていこうという考えがベースにあったことは事実だと思います。

とにかく１９６０年代末の当時、国民の意識は経済界も含めて、援助といえばまだ賠償の続きというように思っていた。銀行家にしても経団連にしても「賠償の続きですか？」という話なんですよ。「そうじゃないですよ」というわけで、われわれが新しい問題意識を社会に提供しようというのが、『国際開発ジャーナル』の創刊に際しての考えでした。
一般国民とは言わずとも、少なくとも霞が関の官僚、国会議員、大学の先生などへの啓発運動。大学の先生はかなり進んでいる人もいたけれども、とにかく一緒になって問題提起をしていこうということで始まった。とはいえ一方で、それらの人たち全部が『国際開発ジャーナル』の読者になるとは思っていませんでしたし、財界などを含めて、どれだけ売れるのかなという心配もありましたね。

「国際開発」という訳語をめぐって

――確かに理念だけでなく、実際に売れなくては立ち行かないですよね。

荒木　それからもう一つ、最初の頃の話で思い出すのは、英語の「インターナショナル・ディベロップメント」というコンセプトが、今は学生でも誰でも口にするけれど、当時、日本人の間では分からないんですよ、誰も。英語で話をしている場合はそれでいいとしても、日本語にこれを置き換えたときに、どう表現したら一般の人たちが分かるかなということで、もめました。一晩中もめた覚えがありますね。
大来先生を囲む会議をやって、日本語にどう置き換えるのかを議論しました。「ディベロップメント」というのは平和という意味もあるし、いろんな意味があるわけですね。開発して将来的に平和を達成するんだという大きなコンセプトの中で、「ディベロップメント」というコンセプトがあるわけです。ですが日本語ではそうもいかず、それを『平和ジャーナル』といってもなんのことか分からない。

一方で『開発ジャーナル』と言うと、むしろディベロッパーという意味は産業界も分かっている。しかし、われわれは産業界の言うディベロッパーではないので、非常に困った覚えがありますね。

それで最終的には「ディベロップメント」を「開発」にして、「インターナショナル・ディベロップメント」を「国際開発」にしようということになったけれども、ずいぶんもめた。もめたということはですね、結局、日本にそういう言葉がなかったということです。まったくなかった言葉なんですよ。だからまず、この考え方から普及していこうというのが、最初にありましたね。

それから、賠償の後の日本とアジアの新しい外交関係を築く上での一つのツールとしても、これは必要だといった外務省の意見も取り上げたわけです。とはいえ、賠償をやっていたけれども、賠償だけでは国はつくれない。当時はインドネシアにしてもどこにしても、インフラ援助という考え方なんてゼロに等しい状態です。のちに日比友好道路をフィリピンにつくりましたが、当時はああいう道路さえもない。港湾もなければ道路もない。空港もなければなにもないという状態ですよね。順序よく一つ一つ、つくっていかなければならない。そういう状況の中で、賠償だけではもう足りないと。要するに、本格的な経済開発というコンセプトの中で、援助を日本という国家としてやっていかなければいかんのじゃないか。そういうことになったのです。

―― ちなみに創刊号は何部ぐらい刷ったのですか。

荒木 最初、3000部。見本として3000部つくりましてね。いろいろ配ったら足りなくなったくらいで。つまり珍しいってことだったのでしょうね。

―― 配布先はもっぱら霞が関でしょうか。

荒木 霞が関と経団連、経済同友会、それと商社。売れたのもありますよ。あったけれども、せいぜい何百部ですよね。年間6000円でタブロイド新聞ですよ。タブロイド新聞を月に2回出すということで始めたわけです。

支援をしてくれた財界

―― 反応はどのようなものだったのでしょうか。

荒木 えー、つまり、売れないですよ。せっかくやってくれたのでということで、有志の方には売っていただいたり、買っていただいたり。何百部かは、それで出たんですけども。

最初はほとんど無料で配っていました。最初の何年間かは、無料での配布が続くんですよ。それはスポンサーがいたからできたんです。出すこと自体にかかる制作費と人件費ですね。それをクライアントがいてバックアップしてくれた。中山《なかやま》素平《そへい》（日本興業銀行頭取・会長）さんとかね、あと木川田《きかわだ》一隆《かずたか》さん（東京電力社長、経済同友会代表）とか、電力業界の人とか大物の人たちが、土光《どこう》敏夫《としお》さん（東芝社長、経団連会長＝当時）はじめとしてみなさんが応援してくれた。

――財界のみなさんは、なにかの考えがあってバックアップしてくれたのでしょうか。

荒木　要するに彼らは実感としてもう賠償の時代は終わったと。ビジネスの関係から言っても終わった。彼らの将来の見通しというか市場の予測を立てると、あとはなにが必要かというと、彼ら自身がおそらくそれまでモノを輸出していたんですよね。いろんな製品を日本からどんどん押し込んでいったわけですよ。でもさすがにフィリピンでもインドネシアでもタイでも、もう貿易収支がおかしくなってしまう。日本に対して輸入超過になってしまうわけです。

そうすると貿易戦争が起こるわけですよ。われわれをどうしてくれるんだということで。加えて資本収支も赤字になってくるという状態の中で、彼らは日本に対して、その後ですけれども、だんだん批判が出てくる。そうすると、日本の製品を現地でつくる以外にないと。

日本の経済界とすれば、日本政府に早めにインフラを整備してもらって、そのあと民間が出て行く。今のアフリカとまったく同じですね。整備してもらってから行こうかというのが、当時の経済界の意見です。そのためには空港をつくったり、通信設備などをつくってもらう。港湾もつくってもらわないと船が横付けできない。

それからもう一つは現地での人材が足りない。今も似ているかもしれないけれど、当時も足りない。当時は工場が出て行ったにしても、生産に携わる労働者の質にも問題があるし、教育も十分ではない。そこで教育をやってくれというので、特殊法人のＯＴＣＡ（海外技術協力事業団）というのを１９６２年につくる。日本としての技術協力をやりながら、東南アジアの人材を育成していくことが日本の経済界にとっても重要だということになった。中山素平さんは当時日本興業銀行頭取でしたが、ＯＴＣＡの会長も兼務していたんですよ。ということは、経済界が重視していたということです。経済界にとっても海外進出という面で人づくり援助というのが重要だということで、中山さんはＯＴＣＡの会長をやっていたのではないでしょうか。

［2］　経済協力から国際協力へ

33歳で社長に就任する

――『国際開発ジャーナル』に話を戻します。荒木さんはやがて『国際開発ジャーナル』の編集長に就かれますね。

荒木　はい。初代の編集長だった梶谷善久さんは、「もの書きの名人」と言われていて、書くスピードもすごかった。なにしろ一時間の座談会を一時間と少しでまとめちゃうんだから。一方で梶谷さんは戦前の経験もあって、筋金入りの反戦論者ですから、毎号の社説や論説はベトナム反戦ばかりです。僕は編集次長でしたが、外務省に呼ばれて「編集長があんなに激しくベトナム戦争反対論を展開していては、われわれとしてはサポートしにくくなる」とまで言われてね。編集委員だった鈴木源吾先生も「米国大使館や外務省筋から苦情を言われている」と困った様子でした。経営者の五十嵐さんの立場も苦しかったですね。

そのうち梶谷さんは、五十嵐さんの心中を察してか、創刊3年目の１９６９年に「私はフリーの身になり、信念に基づいて行動したい」と言って辞表を出され、それで残された僕に編集長のお鉢が回ってきたわけです。

当時の僕は門前の小僧じゃないけれど、南北問題とはなにか、開発援助とはなにか、日本政府はこれに対してどういう方針を掲げているか、少しずつ理解できるようにはなっていたけれど、まるで大学院に入学したような状態でしたね。

――ところがそれから間もなく、編集長だけではなく国際開発ジャーナル社の社長にも就くことになるわけですよね。

荒木　僕はなりたくなかったんだ。でも、１９７０年に初代社長の五十嵐隆さんが亡くなったんです。一種の血液のガンです。大来先生や当時、日銀の監事だった鈴木源吾先生などがみな集まってですね、病院のベッドで五十嵐さんの遺言を聞くことになった。それで大来先生などに、「後を頼む」と。そして後釜を荒木にしたいがどうだということになって、僕のところに話が来たんですよ。

――そのとき33歳とずいぶん若くいらした。それも編集長と兼務の社長ですよね。

荒木　いや、押し切られちゃった。私、社長はやりたくないって言ったんですよ。でも社長をやる奴はいないから、お前がやらなくちゃいかんじゃないかと言われて、それでやむを得ずやることになったんですよ。それで生意気だけれども、大来先生と鈴木源吾先生の前で、「やれと言うのならやってもいいけれども、とにかく金がありません」と言った。二人とも金はないんですよ。役人だから。それで、どうするかといったら、「（先生方には）金はなくても人脈はあるでしょう。それを教えてくれたら、金は僕が集めます」とこう言ったんです。当時の僕は33歳ですが、よく言ったものです。

経済的な実利と国際的な理念

――さきほどのお話で、『国際開発ジャーナル』の創刊を経済界が支援した背景には、賠償後のビジネスに向けた思惑があったとのことですが、それと欧米から提起された「インターナショナル・ディベロップメント」という発想とは、うまくかみ合うものだったのでしょうか。

荒木　いや、かみ合わないですよ。かみ合わないんだけども、要するに国際社会に日本が入っていくわけですね。つまりＯＥＣＤ（経済協力開発機構）にも加盟しなくてはならないし、ＯＥＣＤに加盟したら自動的にＤＡＣ（開発援助委員会）にも加盟となります。ＤＡＣのメンバーになったらＤＡＣの援助規範というものを受け入れることになる。そのまま実行するかどうかは別にして、それにある程度、従わなくてはならない面があります。一種の援助規範、あるいは国際的な援助秩序というものに、日本も組み込まれるということだったのです。

一方で、そうではあるのだけれども、日本がやっていたこと自体は、結局は貿易促進なんですよ。輸出振興政策というのが日本にはありまして、それに対して外務省は批判をしていました。当時、経済外交論争があって、要するに外務省から通産省などにクレームがついたのです。とにかく輸出振興だけに従えなどと言われても、外務省としては、日本の外交にはもっと他の目的があるというわけです。国際約束に沿ってやることもあるから、日本だけの経済利益だけではやっていけなくなるという反発もあった。

そういう流れの中で、外務省とすれば『国際開発ジャーナル』に対しては、国際規範、国際的なルールの中で援助がなされるような宣伝や広報をやってくれという要望になる。世界銀行なりＯＥＣＤのＤＡＣなり、欧米が議論の中で主張しているアンタイドの援助（ひも付きでない援助）などが、国際規範になるわけです。

当時の日本の援助は全部ひも付きのタイドだったわけです。その中で外務省からは、「荒木さん、アンタイドということもちゃんと言ってくれ」と。「あなたのところも企業との付き合いもあるから、タイドでと言わないとまずいかもしれない。けれども外務省とすれば、アンタイドの方も言わないと世界的には通用しなくなってくる」と。われわれの方も「分かりました」ということで、アンタイドを雑誌の中でわーっと伝えた。経済界からは「アンタイドなんか伝えるな」

という圧力もありましたけどね。ははは（笑）。そんな時代ですよ、言ってみれば。
結局、好むと好まざるとにかかわらず、国際社会に入って日本の地位もある程度上昇するにつれて、やはりアンタイドという議論は受け入れざるを得ないことになった。すべてタイドで、プラント輸出（セメント、鉄鋼、石油化学などの工場設備や機械の輸出）と結びついていた円借款の中から、徐々にアンタイドの案件が出てくる。まあそれは10年ぐらい経ってからの話ですけどね。１９７０年代はやはり、タイドが援助の主流だったという感じがありましたね。

――　すると「インターナショナル・ディベロップメント」という問題提起が当時の日本にもたらしたものはなんだったのでしょうか。

荒木　当時の日本はさっき言ったように、賠償の中にずっぽりつかっている感じでしたね。特に経済界はそうでした。ですから、そのほかのこと、例えば国際的になにが起きているのか全然知らない、分からないわけです。世界では南北問題が出てきて、独立した途上国を安定させていかないと世界の安定もないし、アジアの安定もないという議論をしている。ところが日本のビジネスの世界はそんなことにはあまり関知しなくて、知らなくてもいいという感じで、利益中心で動いていましたからね。

そういう中にあって、わが社の使命というのは、最初から金儲けをしようと『国際開発ジャーナル』を出したわけではない。使命なのです、使命感なんです。ですからマーケットがないということは最初から分かっていて、それでも『国際開発ジャーナル』を出すということは、使命感がないとできないじゃないですか。商売でやったわけではないんですよ。

例えば電気製品なら電気製品のマーケットがあって、それでユーザーの意見も反映しなければいけないという話になりますよね。ところが『国際開発ジャーナル』の創刊に際しては、そういうマーケットはほとんど想定できなかった。

とにかくこれから日本が進んでいく道、アジアとの共存のためには、思想なくしてはダメだということで、国際開発や国際協調にかかわる理論や議論を世の中に向けて打ち出して広めていく。また、「世界の中の日本」という発想を広めていく一つの機関誌であると。そういう感じで、大来先生などはおっしゃるわけですよ。

――それは五十嵐さんが社長時代に掲げていたことではないのでしょうか。

荒木　五十嵐さんには援助についての思想があったわけではなく、大来先生とか鈴木源吾先生などが内容について提案して、五十嵐さんはそれを実行するという形でした。五十嵐さんは実際の経営者ですから、編集方針というのは、あくまで大来先生たちが世界から持ってきた発想で、国際開発をやれ、あるいは開発を広報する雑誌をつくれということでした。ですから、商業性などはぜんぜん考えもしない。

その代わり、土光さんたちが国際開発ジャーナル社をサポートして、経団連なども説得したのでしょうね。経団連は大来先生が、そして銀行界の方は鈴木源吾先生が担当しました。鈴木先生は銀行界に力があったので銀行界にも話をして、ある程度のファンドを集めようとした。実際、経済界からは「分かった。ファンドを出しますよ」という話になった。経済同友会の木川田さんにしても、このままでは日本はダメだってことが分かっていたわけです。世界の中で孤立してはいかんと。貿易もどんどん伸びていたし、当時の日本の経済規模は西ドイツに次ぐ大きさになっていたわけですから。日本の経済もものすごい勢いで伸びていた時代です。

それに比べて、世界の動向に沿ってそれなりの国際貢献をするというマインドはほとんどゼロに等しい状態ですよ。それでは日本は成り立たないのではないかという議論が有識者の中から出てきたわけですね。経済界だけでなく、学者の間からも出てきた。

曲がり角に来ていたアジアとの関係

――　従来のやり方ではうまくいかないと多くの人が気づいた、きっかけになるような事件などがあったのでしょうか。

荒木　一つにはさきほど言った片貿易の問題が出てきました。タイはもろにですね。その延長線上で田中角栄首相がタイを訪問した際の反日デモなど、みんな70年代中頃ですよ。ですから私たちが『国際開発ジャーナル』を始めたのが１９６７年で、すぐに70年代に入るでしょう。だからわれわれの創刊から数年か、あるいは10年足らずで途上国の側の不満が爆発するわけです。

それまで賠償や、一方通行の日本からの押し込み援助だったわけですよ。インフラと称していても、実際には日本の商社がどこかから見つけてきて。見つけるといっても、タイならタイ政府の中の意見を早めに彼らが探知して、要請ベースで出させて、それでやるということをやっていました。少なくともタイ社会にはそういう要請があったからですけどね。

だけれども、それでも追い付かなくて、もう貿易だけでは日タイ間の収支バランスはとれない。なにしろタイからは雑貨品で日本からは高度な工業製品ですから、金額面でも全然バランスがとれないですね、どう見ても貿易収支ではダメだと。資本収支でバランスをとるということで円借款を、お金を突っ込んでしまえということで円借款を突っ込んでいったんですよ。

日本の経済界としても、これ以上深刻になると困るわけです。暴動が起きる寸前ですから。ですから、もう賠償の続きではいかんという話で、新しいことをやらなければならない。だけれども、やはり輸出振興という流れの中で、商社などもとにかく輸出にプラスする方でしか考えてなかったわけです。

ですからそれまでは、ほとんどが日本の企業が持ち込む案件でした。円借款と言っても、円借款のプロジェクトというのは案件形成と言いますよね。案件形成というのは、政府や当時のＯＥ

CFがやっているわけではないのです。現地の日本大使館もやってないです。誰がやったかというと商社なんですよ。なぜ商社マンかというと、相手国の政府とのコンタクトは商社マンが強かった。それは賠償からの流れです。賠償の要請を相手国から聞いてくるのが商社マンでしたから。

　商社マンが相手国政府の官僚と話をして、あっちの橋がいい、こっちの道路がいいとか、そういうことを彼らが聞き出してくる。経済的な要請ですから、外務省も経済音痴だし、自分たちで調査をして日本への援助要請を取り付けるというようなことは、当時、ほとんどできなかったですからね。できなかったというよりしなかった。なぜかというと、日本国政府として合理的にやろうと。大蔵省もそうですよ。手間暇をかけないで援助の要請が出てくるのだから、それをどんどんさばいていればいいではないかと。

―― 荒木さんもそのような東南アジアの空気に触れておられたのですね。

荒木　バンコクで2回、暴動に遭遇しています。70年に行って、それからタイに入りびたりでしたが、反日暴動もあったけれども、軍事政権、独裁政権に対する学生の反対運動もありました。お話してもいいかどうか……。お金がないのでね、商社の人にお願いして。鈴木源吾先生が戦前に台湾で英語を教えていて、その当時、英語を教わっていた学生が三井物産とか三菱商事に入って、戦後の日本の対外貿易を背負っていたわけですよ。

ですから商社には、鈴木源吾先生の教え子が常務取締役など経営陣に大勢いました。私がバンコクに行きたいと言うと、分かった、じゃあ俺が現地の支店長に電話しておくと言って、支店長のお家でごやっかいになり（笑）。無銭旅行みたいなものですよ。各商社に台湾で教育された人たちがいて、戦後初期の日本の対外貿易を担っていたんですね。

――そのようにして東南アジアに滞在する中で、当時の空気を感じ取っておられたわけですね。

荒木　僕などが学生だった時代には、日米安保体制の打破とか、それらが時代の主流でした。そういう流れの中で育った僕にしてみれば、タイへ行って、やはり隣でベトナム戦争をやっていて、タイが米軍の前線基地になっているわけですね。バンコクのパッポンという繁華街に行っても、夜はアメリカの兵隊さんたちばかりが目立つ。それで僕は佐世保の米軍基地などを思い出すわけですよ。そういう共感が自分自身の体験からしてもありましたね。

そういう中でタイの学生たちが、自主独立というのがなんであるかといったことをしきりに議論しているわけですね。最初のうちは非常に身近なことで憤っていた。

そういう議論があって、そうこうしているうちに、タイに日本企業が入ってきた関係か、資本主義とはなんぞやといった話をするようになりました。共産主義といった大義の話ではなくて、まずわが国が資本主義にどっぷり漬かりすぎだと。物品経済というか、商品経済の中にわれわれは、もううずもれていると。タイというこの美しい国はどうなるのかと。このままだと貨幣経済に飲み込まれて、タイの良さもみななくなってしまうのではないかという、そういう恐怖感。彼らなりのナショナリズムなんですよ。中でも日本の企業進出が持ち込んだ、洪水のような資本主義の攻勢ですね。彼らはもうそれに圧倒されていた時代です。

それに加えて学生が運動をするというと、タイ政府が許す範囲というのがあって、政権批判はまずダメです。少し動いただけでバッと抑えられてしまう。デモなんてできないですよ。しかし、日本の経済進出に抗議するデモなら堂々とできる。だから日本との貿易摩擦を理由にして、日本の経済侵略はけしからんとか言いながら、それを認めているタイの政府は一体、なんなんだと。こういう攻め方をしていたわけですね。そうでないと、学生集会なり、デモが認められないわけですよ。そこをテコにしてタノーム政権批判、タノーム政権批判からタノーム政権打倒というところへ移っていくというプロセスの、最初の段階で僕は立ち会ったんですね。

タイド、アンタイドをめぐる議論

――そういう時代の変わり目の中で、『国際開発ジャーナル』が提起した国際的な議論は、日本の中でなにか変化を引き起こしていったのでしょうか。

荒木　それは同時並行的にですね。当時の外務省は国際会議に引っ張り出されて、世界中からもろに叩かれるわけですよ。ＯＥＣＤのＤＡＣでも。もうあちこちで叩かれるわけです。

アンタイド問題というのはそもそもを言うと、ＤＡＣで取り上げられた問題ではないのです。問題提起をしたのはＯＥＣＤの貿易委員会です。貿易委員会で日本のやっていることはアンフェアだと。ひも付きで、しかも有償で金を付けておいて、日本の商品を送り込んでいくということはアンフェアな貿易だと、彼らは捉えるわけです。

タイドの援助はもろに貿易であって、彼らにとっては貿易障害になっていると。日本の貿易の実態はアンフェアだと。それはなぜかと言うと、彼らの発想の中では援助と貿易はまったく切り離されているけれども、日本は貿易を中心に考えて、タイドの援助を使って貿易を促進してきたわけですね。さっき言った賠償の延長のような発想で。

ところが、そういうものを１９７０年代の国際社会は許さない。それで援助の世界ではなくて貿易の世界でアンフェアだという批判が起こった。しかしこれは援助の問題だからＤＡＣに移せ、開発援助委員会に移せということになった。それで開発援助委員会に移して議論になったら、開発援助委員会ではタイドは許さんと。原則、アンタイドだということになって、だんだん締め上げられるようになってきたわけです。ですから貿易委員会の圧力によって日本のアンタイド化が進んだわけではなくて、ＤＡＣに移されてそこで叩かれて、どんどん円借款のひも付きを廃止するという方向に行ったわけです。

ですが、一気にはいかないですよ。日本は粘りに粘りましたからね。最初の頃は国際入札に関して言えば先進国を入れない。ＬＤＣ（後発開発途上国）と日本だけということで、つまりアジア諸国の企業と日本の企業とで応札するという、ＬＤＣアンタイドから始めながら、だんだんアンタイドの方へ近づけていったわけです。最終的には90％近くアンタイドになりましたね。

ですがそのプロセスにおいて、日本にはものすごい葛藤がありました。貿易促進と援助タイドとは切っても切れない関係でしたからね。逆のことを言えば、日本の技術なり資本財というのが国際的に認知されてない時代ですよ。ですから、西ドイツとかオランダ、アメリカなどは認知されたマーケットがあったわけですが、日本の製品というのは安かろう悪かろうと言われていた時代の延長ですから、全然、商標価値がないわけですよ。そうすると、日本製品を売り込むには商社もなかなか売り込めないから、援助をテコにして売り込んでいこうということになって、当初は援助がほとんど一つの彼らの商売の手段になっていたんですね。

――　欧米から見るとおっしゃったようなことだとして、日本としてはそれも援助だと考えていたのか、それともあくまでビジネスの手段だとして割り切って考えていたのか……。

荒木　援助だって言い張ったんですよ。そこのところは明快なんです。要するに日本的援助というのは経済協力だということで、エイドとかアシスタンスとか言ってないわけです。必ず経済協力というように「経済」がついたのが日本の援助の概念だったのです。その点は、日本はかなり貫き通してきているんですよね。今も潜在的には貫き通しているわけです。ですから日本の思想の中には経済協力という発想があって、それは経済を発展させなければすべてがうまくいかないという考え方。

つまり国の独立といい、経済成長といい、主権の確立といい、まずは国の経済を安定させなくてはいけない。ということで、それを安定させる一つの手段として経済協力があるというようなことを思っていたわけです。ですからアンタイドの話は日本の援助の歴史の中で、部分的には「外圧だ」と僕は言いました。アンタイド化に向けて外圧がかかったと。日本の貿易促進に対しては圧力だったし、日本経済の発展に対しても圧力だったのではないでしょうか。

——貿易促進のためというのは、日本は１９５０年代、60年代から公に言っていたわけですね。

荒木　公にもうはっきり言っていました。例えば『経済協力白書』や『貿易白書』があるでしょう。あそこに輸出振興、国家政策としての輸出振興政策という、その一文を必ず入れています。経済協力をすべきであると。経済審議会などが毎年、開かれますが、必ず最後に経済協力という言葉が入っていました。最近は流行らなくなりましたが、当時は毎年毎年、経済審議会の議題の中でいつも最後に経済協力の貢献と記されていました。

――　ここ数年、ＪＩＣＡもタイド型円借款を掲げて「インフラ輸出」をやれと言われて先祖返りしているような感じがしますね。

荒木　先祖返りはよいのですが、途中で中断していたわけですから、中断していた間の時期には経済協力といった教育は受けていないから、いまショックを受けているＪＩＣＡ職員もいて、ある種の混乱が起こっているわけですよ。まあ、これもやりすぎというか。

コラム 2

賠償と円借款

経済協力開発機構（ＯＥＣＤ）開発援助委員会（ＤＡＣ）に加盟している国々の２０１６年の贈与比率（二国間ＯＤＡ総額に占める無償資金協力と技術協力の合計金額の比率）は、米国、オランダ、ノルウェー等が１００％、カナダ、イギリス等が90％以上、ドイツが76％、フランスが60％に対して、日本は36％と極端に低い。これは日本の二国間ＯＤＡの中心が政府貸付等、つまり円借款にあるからである（本書の付表3も参照）。この日本に独自の援助形態は、じつは

１９５０年代に導入された「平和条約・賠償・経済協力」の三位一体体制に遡る。

もともと第二次大戦後の日本の戦後復興と東南アジアの経済開発を結びつける構想はアメリカの「マーカット声明」などから始まった。つまり、資金余力のない日本は現物（賠償）で製品や機材を東南アジア諸国に提供し、東南アジア諸国は日本市場が必要とする資源や原料を輸出して自国の開発を進めると同時に、日本の経済復興に協力するという図式がそれである。日本と東南アジア諸国との経済連携は、アジアの共産化を防ぐ防波堤でもあった。一方、日本においても、賠償問題の早期解決と東南アジア向け経済協力の促進を結びつける発想は早くから存在した（１９５３年６月、外務省のアジア経済懇談会の設置など）。

そうした中で、日本は紆余曲折を経ながら、該当国と賠償協定を結んでいくが、その原型は１９５４年11月にビルマとの間に締結された「日本・ビルマ平和条約、賠償及び経済協力協定」である。つまり、平和条約、賠償、経済協力の三つを抱き合わせにし、同時に日本が相手国の経済開発計画の実施に協力していくというパターンが定着した。事実、１９５５年７月にはタイとの間で「特別円問題の解決に関する協定」（賠償54億円、経済協力96億円）が、１９５６年５月にはフィリピンとの間で賠償協定と経済借款の交換公文（20年間で１９８０億円）が、１９５８年１月にはインドネシアとの間で平和条約、賠償協定、経済借款をめぐる交換公文（12

年間で2億2308万ドル）が、それぞれ調印された。

インドネシアとの交換公文の翌月1958年2月には、賠償義務のなかったインドとの間で、最初の円借款協定（3年間で180億円）を調印した。また、1961年3月には、岸信介首相が提唱して実現しなかった「東南アジア開発基金構想」の予算54億円を原資にして、海外経済協力基金（OECF）が発足した。そして1960年代に入るとインドネシア、フィリピン、タイ、韓国等への経済協力が、さらに1980年代以降になると中国向けの大型経済協力が、円借款の枠組みのもとで続けられていくのである（本書の付表4も参照）。なお、荒木はインタビューの中で賠償も円借款も日本の貿易促進が目的だったと主張している。

「経済協力」は日本独自の概念

——　お話のように「経済協力」という言葉や考え方が強かったとすると、日本では「援助」という言葉は、いつ頃から一般的になったのでしょうか。

荒木　最初は海外経済協力基金をつくろうというように、経済協力ですよね。それでずっときて、一番よく分かるのは、１９７４年にＪＩＣＡ（国際協力事業団）が設立される。そのときの言葉は国際協力ですね。それまで通りであれば経済協力事業団でいいのだけども、それが国際協力事業団になっている。

そのときに僕らも主張したんですよ。もうこれからは経済協力の時代ではない、経済協力だけの時代ではないと。例えば民生安定のための協力もあります。社会開発協力もあるし、人材育成もそうだけれども、ＮＰＯとかＮＧＯといった分野もね。そういうテリトリーも入れた幅広い協力というものが必要になってくるので、経済インフラだけをやればいいという経済協力的な発想ではもう済まないんだということを、70年代の半ばぐらいから『国際開発ジャーナル』で書いているわけです。国際協力事業団ができた74年前後から、「もう国際協力の時代だ」と書いていた。そういうときに、僕らが言っていたことを取り上げたかどうか知らないけれども、外務省が名前を国際協力事業団にしようということで、時の首相・田中角栄氏に伝えたら賛成を得られた。経済協力事業団とか援助事業団ではなくて、国際協力だという時代の転換期を迎えていたわけですね。

――国際協力と援助というのは、だいたい近い概念だと思っていいのでしょうか。

荒木　国際的に言っている援助の概念と、国際協力の概念はほとんど同じです。経済協力だけが違うんですよ。だって経済協力だけですから。国際協力と言ったら幅が広くて文化協力まで入る場合もあります。保健医療協力などは、もう完璧な国際協力です。母子保健の手帳の普及などは経済協力とは言えませんよね。経済協力は国際協力の一部になったのです。

――経済協力という言葉や考え方は、日本独自のものということになるのでしょうか。

荒木　経済協力という言葉からしても日本独自ですね。経済協力を当時、英語で「エコノミック・コーオペレーション」と言ったのですが、欧米では「エイド」か「アシスタンス」か、どちらかです。

――そうすると海外で経済協力という言葉を用いても通じない？

荒木　逆に国際的にそれを打ち出したわけですよ。日本の中に経済協力という思想があるわけです。今は問題になっているけれども、経済協力の思想というのは自助努力なのです。日本人というのは自助努力を重んじる。それで日本の援助姿勢というのは、はじめから自分の国は自助努力でつくれということを言ってきた。援助だけに頼るなと。

――しかし実際には60年代の経済協力を見るともっぱら輸出振興で、相手国の自助努力というよりも、日本がいかに先方の国に輸出できるかという関心だというように見えますが……。

荒木　いや、輸出振興の時代も言っていたのですよ。つまり、経済協力でもらった機械をちゃんと自分で使いなさいよと。もらったお金を飲み食いに使ったらダメですよと。国の発展のために使いなさいよということを言っているわけですね。日本から持っていった資本財、機械にしてもなんにしても上手に使いなさいと。人材の育成もやらなくてはいけませんよと。他力本願ではダメですよということをずっと言っていたわけです。

政治の世界においても、自分たちの国のことは自分たちでやりなさいよと言っていたので、欧米と違ってあまり相手国の政治に深入りするということはしなかったのです。

日本の相手国への入り方というのは欧米と違っていて、アメリカなどとはまったく違うんですね。アメリカは現地で資本主義社会を確立するためには、まず政府も役人の教育から始めて、そういう方向で行かなくてはと。当時、日本はそこまでやっていなかったですね。

――改めて整理をすると、創刊のときに高々と掲げたこの「国際開発」という言葉をどのように位置付けたらいいのでしょうか。

荒木　経済開発という言葉が経済協力にも利用されて、時代とともに国際協力に進化したのですね。国際開発と言った場合には、かなり経済開発に近いのです。国際協力の領域を言ったら、医療などがぜんぶ入るわけですが、国際開発と言った場合、ディベロッパーだけではないが、けっこうハードの側面が強い。イメージとして経済開発がだいたい中心軸になっている。だからそこに目を付けた人たちが、国際開発は経済協力とイコールだと言ったわけですが、われわれは違うと言っていた。そちらの人たちにとっても、国際開発という言葉には利用価値があったのではないですか。

――それはどういう人たちですか?

荒木　輸出振興を目指す人たちですよ。経済界なり通産省なり。日本では経済協力だけれども、国際的には国際開発というのだとか言って、なんか二枚舌みたいなことやっていましたけどね。とはいえ、国際的な流れは経済開発ではありませんでした。アメリカにとっては国際的な開発、途上国援助の主流は、経済開発ではないのです。経済開発の中味は政治開発なのです。政治開発という言葉はありませんが、どちらかと言うと、社会主義に対して資本主義社会の仕組みをぶち込んでいくという発想。議会制民主主義というものを大きな柱にして、ぶち込んでいくというのがだいたいアメリカ流。それに必要なことは援助で全部カバーしていく。特に、人材育成などは非常に積極的にやったわけですね。

日本は議会制民主主義といった政治面にはあまり深く関与せずに、とにかく資本主義の中核をなす経済開発というところだけに絞る。言ってみれば、日本は国際的な意味で政経分離をやったわけですね。

ですから、今も援助で途上国の国づくりと言ったときに、アメリカの考える国づくりと日本の国づくりは全然違うんですね。アメリカはやはり上の方の政治体制。そこのところをしっかりと、議会制民主主義をどうやって構築するかというところで、人材の育成も含めて制度設計もやるわけですね。その流れに沿って世銀も動いているわけですけれども。

日本はまったくそれには関係なく、まずどういう国であろうが、経済開発が中心だと。経済が発展しない限り、どんな政権だってもたないという発想が根底にあった。というのも、どうも日本自身の戦後復興も関係があるのではないかと思うんですけどね。自助努力をして自身が発展してきたという日本の実体験と、途上国支援で政治面はアメリカに任せたから自国は経済面でやってきた。そういう流れの中で、得意芸は経済開発にしかないわけですよね。民間は民間でそれに基づいて発展したから、民間の力を借りながらそういう経済開発をやっていこうと。当然の流れといえば当然の流れなのですね。

それに、その頃、政治面での支援などと言ったら、もう日本の中で叩かれますよ。左翼系の人たちは援助を政治化するなと言っていましたから、そういう中で、日本の援助によって資本主義社会の建設をなどと言ったら、もう大変です。そんなこともあって、日本は経済だけが前面に出る形になって、これなら政治的に中立だということで。ですから、援助の中立性を担保するために政治から離れたのです。東南アジアを見ても、本当の意味での議会制民主主義をきちんとやっていくというルールづくりなど、日本はほとんど関与していませんね。

印象に残るプロジェクト

――この時期の締めくくりとして、日本の援助、あるいは経済協力の出発点になった賠償のことについてお尋ねしますが、荒木さんは賠償というものをどのように総括されますか。本来は戦争の償いであるわけですが、経済協力とセットになって、当時は賠償援助というような言葉も使われましたね。また、賠償事業も現地で役に立った面と、必ずしも効果的なものにはならなかったものもあると思いますが。

荒木　歴史的には賠償というのは、まず日本の本格的な経済協力の入り口であったという点ですね。日本にとっては賠償の実施を通じて援助経験を習得し、それによって本格的な日本の経済協力が始まったと言っても過言ではないと思います。

――　賠償の現場と言いますか、印象に残っている賠償事業はありますか。

荒木　僕が日頃、よく泊まっていたホテルで、ジャカルタのホテル・インドネシア。あの頃はなにもない時代ですよ。日本の外交関係、海外の外交関係者も含めて、あれが利用できる唯一の近代的なホテル。賠償案件としては効率的だし、政治的にも成功したと思うのですけどね。

あとは、私が見た中で一番大きかったのは、フィリピンの日比友好道路だと思いますね。今は日比友好道路という名前はどこにもありません。マルコス大統領が、いかにも自分がやったような感じで国民にＰＲして、日比友好の名前を消してしまったんですよね。もともと賠償でやった事業ですが、マニラから東西南北に延びている。あの道路ができてから道路の沿線に街がみるみるうちに出現して。この道路が地方と都市、地方と地方を結ぶ、流通網の改革を結果として行ったのでしょうね。

最初に見た頃は牛が道路を歩いていたのに、それが数年たったら自動車が走るようになっていた。これがそもそも、近代化の始まりかということを書いたことがあります。この道路がフィリピンの近代化に大きく貢献したことは事実だと思いますね。

――これはいつ頃のプロジェクトになりますか。賠償事業で始まったということでしょうか。

荒木　ややこしいんですよ。賠償で始まって、その延長線については円借款を転用していって。賠償と円借款の組み合わせでできたようなものが、結構あるわけです。

あとはやはり、インドネシアの東ジャワで有名なクルド山の山裾を流れているブランタス川の洪水対策プロジェクト。洪水になると広大な水田がいつも水没する。それを食い止めようがないという状況。だけど雨期が明けると、今度は水田として利用する。洪水と仲良くやっていたと言えるかもしれないけれども、一毛作しかできないような状態なので、日本工営創業者の久保田豊さんたちがトンネルを掘ったり、ダム工事をやって、そこに三毛作を実現していくわけです。

これは現地の農業開発に大きく貢献したし、インドネシアの農業自主生産というか、米の輸入を抑制する効果が非常に大きくて、外貨節約にもなったわけです。農村開発に寄与し、米の供給も可能にしたと。これは大きいですね。最初は1959年に賠償案件として始め、後に円借款協力に切り替えました。

それからもう一つは、賠償ではなかったのですが、その地域の稲作が相当、害虫にやられていたのです。洪水対策の流れとして、その地域だけでやっていた害虫対策を、今度はODAでしたが、インドネシアの全国レベルで害虫対策プロジェクトを始めて。これはインドネシアの農業生産性向上については一番、貢献したのではないかと言われていますね。

洪水対策で特記すべきことは、この事業に従事したインドネシア人の土木作業員たちがその後、各地の土木事業を、インドネシア自身でやる時代になったときの所長をつとめているのです。ですから国土開発の本尊をつくったようなもので、そこで教育された作業員たちが、その後、インドネシア各地に散って、国の事業としての土木事業の中心人物になったということは非常に有名な話です。援助がここまでつながってくると、援助効果というのは非常に大きいということで、大来先生も講演で触れていましたね。

―― 非常に説得力のあるお話ですね。

賠償の功罪をめぐって

荒木 その一方では1970年代の中頃に、東南アジアのあちこちで商社の人に「荒木さん、あれ、赤錆びて、鉄筋、丸出しでしょ？ あれ、賠償案件ですよ」とよく言われましたね。そういう立ち枯れの、赤錆びた賠償案件があちこちにあったことも事実です。

それから賠償のときには、例えばフィリピンに日本の工場を丸ごと持っていった案件もありました。金属加工だったと思いますが、工場があって機械が動けば物ができるというふうに単純に思っていたわけですね。ところが実際には工場を動かす労働者、マネジメントのノウハウ、いろいろ必要なわけですね。それを全然、考えないわけですよ。持っていって立ち枯れですよ。とにかく賠償で持っていった工場に立ち枯れ状態が結構、多かったことは聞いていますね。

それとやはり賠償の最大の欠陥というのは、暗中模索だったからということもあるのですが、向こうが必要とするニーズに基づいて行うという政策をとったわけです。その後のＯＤＡも同様ですが。すると賠償の時代には相手のニーズが分からない状態で、一方で向こうもまだ国をつくったばかり。独立宣言をしただけの話ですから、国の中はバラバラですよね。ある意味で日本の戦後復興よりもっとひどい状態です。国づくりの前提となる社会の形成がないわけですから。

ですから、なにもないところから、独立してなにかやろうというわけですから、なにが必要かというプライオリティー（優先順位）もなく、国家のプライオリティーというものも明快ではない。ですから試行錯誤というか、要するに出たとこ勝負で、いろんなものが必要でしたから、あれが必要、これが必要と、いろんなことを要求したのでしょうね。きちんとした国家の開発計画に基づいて賠償援助が行われたというわけではない。そこが不透明なのですよ。それが一つ。

――もう一つはなんでしょうか。

荒木　もう一つの隠れた大欠陥は、試行錯誤の中でそのときのニーズを探り当ててきた人たちというのが、向こうの政治家と結びついて、いろいろ案件発掘というか、案件づくりをやるわけですね。向こうの政治家も含めて。

そのときのかかわり合いは、きちんとした日本の政府と向こうの政府の話し合いもあったけれども、その裏では……というか。その後もずっとその悪習が続いたのです。二重構造のようになっていて、政府間の話はあるけれども、もう一つ下では、さまざまなところからいろいろニーズが出てきて、統一性がない形でバラバラ出てきた案件を、賠償に当てはめていくということで。

それが独立後の国家開発計画にどうリンクしていたかは、まるで分からない。不透明なままに相手の求めに従って、日本にはそこに主体性がありませんから、相手に従ってやったということですから。賠償も援助の一種というのであれば、これはまったく欠陥だらけの援助だったということになる。裏を返すと、そこにはコミッションビジネスのようなものも横行したし、利権があちらこちらに発生して、賠償金の何割かはそちらへ流れていったという、もったいない賠償金の使い方というか。今になってみれば大欠陥で、惜しいことをしたなと思いますね。

とはいえ正直なところ、誰の責任だということでもなくて、混乱の中でせいぜいそのぐらいしかできなかったのかなと思ったりもしてならないのですよね。その後、タイに特別円借款ということで、一種の賠償に近いようなものを出しますが、これはタイの政府がしっかりしていたから非常に効果的に使われた。そういうケースと比較すると明快ですね。

ですからやはり政府がきちんと成立していて、きちんと国家計画を立ててやっていた時代と、そうではない独立して間もなく、混乱の状態にあったときの賠償というものの使い方はもう全然違う。要するにプライベートに使われたということもやむを得ないというか。当然、スカルノ大統領や日本の商社とか、そういうところにも流れているのですよ。

第2章

資源獲得戦略とJICA創設

［１］　ＪＩＣＡ創設までの経緯

ＪＩＣＡの設立をめぐって

――１９７０年代には、世界でも日本でもいろいろなことが起きました。世界銀行総裁となったロバート・マクナマラは経済成長一辺倒を再考し、「ベーシック・ヒューマン・ニーズ（ＢＨＮ）」という考え方を提唱するなど、世界銀行の開発路線が変わりました。日本では、１９７０年から日銀による段階的資本自由化が始まります。その結果、１９７０年代初頭に日本企業の製品や直接投資が東南アジアに急速に向かっていき、現地では反日運動が活発化しました。１９７２年には米国のニクソン大統領が中国を訪問し、日本でも田中角栄首相が訪中して日中国交正常化に踏み切ります。

１９７４年のＪＩＣＡ創設は、こうした大きな時代の変わり目の最中でした。荒木さんがご覧になった、あるいはかかわったＪＩＣＡ創設の経緯をお聞かせください。

荒木　援助にかかわった私の長い人生の中で、一番、誇るべき仕事だと思っているのがＪＩＣＡ創設にかかわったことです。私はまだ30代でしたが。１９７４年に海外技術協力事業団（ＯＴＣＡ）を母体にして、そこに農水省の海外農林開発や通産省の貿易開発の構想を入れてＪＩＣＡが創設されるわけですが、そのとき、私は水面下の政治工作にずいぶんとかかわりました。

――　荒木さんは１９８４年の『国際開発ジャーナル』（８／９月号）で、ＪＩＣＡ創設時のことを書いておられますが、そこではご自身のことは触れていません。２００７年の『国際開発ジャーナル創刊四〇周年　―創刊物語』（11月号）では、はっきりとご自身の役割について書いておられますね。

以下、２００７年の記事からの抜粋ですが、「そのとき、荒木はＪＩＣＡ創設の軍師といわれた湊徹郎《みなとてつろう》（自民党衆議院議員、福島選挙区）、農林議員団（自民党）を動かす男、熊谷文雄《くまがいふみお》とともに各省から提出された資料の整理、あるときはゴーストライター役を果たした。最後は〝援助の一元化〟をモットーに外務省主管の体制へ持ち込んだが、もしあのとき、従来の外務省主管のＯＴＣＡとは別に、通産省主管の海外貿易開発協会や農林省主管の海外農林業開発公団が成立していたら、各省に依存していたＯＴＣＡの専門家派遣、研修事業などは壊滅的打撃を受け、ＯＴＣＡは形骸化された組織になっていたかもしれない。荒木は毎日のように、国会図書館に湊徹郎を訪ね、タテ割りの官僚主導の政策形成に負けない新しい国際協力機関（ＪＩＣＡ）のあり方を聞いていた」。

さらに「ＪＩＣＡ創設をめぐっては外務省がその主役を果たさなければならないが、残念ながら外務省に対する議員応援団は存在しない。結局のところ、熊谷たちが立ち上げた湊徹郎を中心とする自民党農林議員団が外務省をバックアップすることになる」とあります。

荒木さんの役割は、後で触れますが外務省を軸としたＪＩＣＡ創設につながる「湊メモ」を実質的に作成したということのようですね。

荒木　そうです。私のＪＩＣＡ創設へのかかわりは、湊徹郎さんと、湊さんが福島県副知事時代から親しかった農業会議所系の熊谷文雄さんと、いわば結託してやったことです。国会図書館の議員室などに通って、ずいぶんいろんなペーパーを書きました。おもしろかったのは、国会議員と一緒に仕事をして役所を相手にすると、われわれが普段はもらえないデータが出てくるんですね。外務省とか、なんでこんなのがあるんだという資料などがどんどん出てきました。

さきほど紹介していただいたＪＩＣＡ創設についての原稿「霞が関は燃えた――ＪＩＣＡ創設のドラマ」を書き上げた後、通産省で当時関係していた人に、「フェアなものにしたいので、一度見てほしい」と頼んだことがあります。すると読んだ後に「これは国会筋の取材でやったのですね、それならノータッチです」と言われました。外務省サイドの取材で書いたものだったら違ったかもしれませんが、ほとんど国会筋、要するに政治家側の動きで書いたものなので、通産省からしても「われわれはいじれない」という感じでした。下手にいじって「後からここに出てくる（政治家の）先生方から言われたら問題になる」ということですね。

――通産省関係者に見てほしいというのは、どういう意図でお願いされたのですか。

荒木　ＪＩＣＡ創設の草案をつくる過程では、外務省と農水省が結託していて、通産省は門外漢で外に追い出されてしまったのです。外務省と農水省の蜜月がそれなりに続いて、通産省を外してＪＩＣＡをつくったような形になりました。もちろん、後追いで通産省の利権も入ったわけですが、通産省は主導権を握っていなかったわけです。それでも結果としては一緒になって、通産省からＪＩＣＡ副総裁も出しました。ですから通産省にも聞かないとアンフェアになると思って尋ねたんです。すると彼らは、「外務省筋の取材に基づくものだったら、反論することはたくさんあるが、これは国会筋で取材してまとめたものですから、もうなにも言えません」ということでした。実際、私は外務省筋には聞かずに、ほとんど国会筋で取材していました。

――国会筋で取材をされていたということですが、官僚組織の側はどのようにＪＩＣＡ創設にかかわったのでしょうか。

荒木　まったく役所間の、いわゆる縄張り争いと言っていいような状況でした。当時、農水省には海外農林業開発公団、通産省には海外貿易開発公団を創設しようという構想がそれぞれありましたが、結果的にはそれらの構想を吸収する形で、ＪＩＣＡが創設されました。

当時の政治関係は、あえて言えば、農林議員が強いかかわりを持ちました。特に自民党の農林部会が非常に強かったですね。その頃、渡辺美智雄や彼が所属していた青嵐会もかんでいたのですよ。当時、渡辺代議士は暴れ者で有名で、みんな恐れをなした感がありました。

省庁間の縄張り争いですが、農水省が海外農林業開発公団を構想して調査費まで計上し、それが認められ、調査費が通るということは、次には事業をやってよいということの前提です。すると、海外技術協力事業団（ＯＴＣＡ）を抱えている外務省が、農水省の新事業が始まれば対外的には二重外交になると懸念して、「農水省が勝手に農水外交をやることになりかねない」と批判しました。他方で、通産省は通産省で、「それなら自分たちもやる」という雰囲気になりました。こうなってしまうと対外協力・対外援助の窓口がバラバラにできる恐れが出てきます。

そうした中で、外交一元化、実施一元化という合言葉で、外務省に一元的な窓口をつくってやっていこうという議論が力を持つようになってきました。

一方、外務省の外からは、「それなら外務省の持っている海外移住事業団とＯＴＣＡをつぶして新たに発足するＪＩＣＡの土台として使わせろ」という声が出てきました。当時、通称「座布団」と言っていましたね。外務省が差し出す座布団の上にみんな乗っかってしまおうということですね。海外移住事業団とＯＴＣＡを座布団にして、その上に農水省の案と通産省の案を乗っけてしまえという発想です。その結果、外務、農林、通産が三者合意をして、外務省の方は海外移住事業団をつぶしました。海外移住事業団をＯＴＣＡに合流させたうえで、農水、通産省の案を取り入れて、国益重視の開発事業というところに突入していったわけです。

ある意味では、ＯＴＣＡの事業をＪＩＣＡに移すとき、ようやく外務省は農林省と組むことになり、それによって外交一元化、実施一元化という原則を立てて省庁間の争いに勝ったと言えます。実際に外務省を中心に進めることになり、海外移住事業団をつぶしてＪＩＣＡを創設することが決まりました。その結果、事業団の人間を５００人もＪＩＣＡに入れることになりました。ＪＩＣＡ事業団法づくりでは、国内法づくりに強い農林省職員の力を借りました。

――当時、農水省は飼料作物などの資源確保に関心を持つ一方、通産省は輸出振興や開発輸入を重視していたと思います。最終的に外務省を中心とするＪＩＣＡができたわけですが、あまり国際協力や国際開発ということが議論された形跡は浮かび上がってきません。ＪＩＣＡ創設の際、日本には国際協力に対する理念はなにもなかったのでしょうか。資源確保や開発輸入など、経済的利益ばかりだったのでしょうか。

荒木　まったくないとも言えないと思います。特に、経済協力開発機構（ＯＥＣＤ）の開発援助委員会（ＤＡＣ）の存在がありましたから。外務省としては、それを盾にとって「国際的に、資源確保だけをやっていたら大変なことになる」という論陣を張りました。ただ、安倍晋三政権のインフラ開発振興と同じで、当時は大豆、トウモロコシなどの開発輸入が政治的な課題というか、自民党の大課題になっていて、「とにかくそれを先にやろう」という雰囲気になったのです。ですから外務省も関係者も黙ってしまい、学者も黙ってしまったというのが実態です。

それでも一応、外務省はＤＡＣに対して、きちんと説明したようです。そのときの説明は、開発輸入はやっていくけれども、相手国の農業基盤を整備しつつ、農産物を日本に輸入する。その輸入代金を払うことによって相手国に対する財政支援にもなるのだから、「それも援助ではないですか」という話をしたようです。ただの略奪農業みたいなことはやりませんということですね。そこの地域の関係者の育成、農業関係者の人材育成もやるということです。そのため、例えばブラジルのセラード開発事業では、ブラジルにいる日系二世の人たちへの技術支援をしました。日系二世は日本語もできるし、もちろんポルトガル語もできるので、ブラジル人の指導に当たることができます。一応、そういう構想を立てましたね。

――これは逆に言えば、海外移住事業団のやっていたことも取り込んだといえるのでしょうか。

荒木　そうそう。海外移住事業団も取り込んだので、同事業団の人たちも一緒になってやるということは、当然大義名分としては成り立ったわけです。そのため、ＯＤＡで海外移住者を支援するということで、その当時、すごく論争になりました。「日本からの移住者の支援をなんでＯＤＡの費用でやるんだ」と言って、とてももめました。

それに対する反論としては、要するに後の言葉でいう「触媒効果」の立場を取りました。彼らが日本の協力の触媒になって、地域の開発に貢献するよう促していくということです。日本人専門家が直接行ったら、言葉も分からないし土地勘もない。人脈もないということになります。そこで、いったんブラジルにいる日系人に注目して、彼らに技術移転することによって次の技術移転を図っていくという、そういう二段階の論理を確立したようです。

――誰がそういう理屈をつけたのですか。

荒木　外務省やその関係者がＤＡＣに説明するときに、そういう説明をしたのではないでしょうか。結果として、「地域に貢献するのであればいいのではないですか」ということになりました。

――つまり、海外移住事業団を一緒にする必要があったために、日系移民を関与させる必要が出てきたということでしょうか。

荒木　日系人を助けるためにやったのではありません。簡単に言えば、大蔵省かどこかからの指示で、新しく事業団をつくるにはなにか一つ管轄の組織をつぶせという状況があったようです。それで、「一つつぶして一つは生かす」となった。その中で外務省でもリーダーシップは取りたいわけです。だからかなり無理をして、本当はつぶしたくないものをつぶしてしまった。その結果が、海外移住事業団をつぶしてＪＩＣＡをつくったという流れです。海外移住事業団を合流させることによって、移住事業の継続をやるという意味ではありません。
ですから海外移住事業団の方々ともめました。一応、ＪＩＣＡの中にも合併したときに移住事業部ができましたが、ＪＩＣＡ全体の仕事は経済協力にすごく熱中してるから、それほどやらなかったわけです。ほとんど予算もつきませんでした。移住事業に熱心な方々は、なんで自分たちを支援しないんだと主張しました。そのような流れの中で、さきほど申し上げた日系二世をどう活用するかという話に入っていったわけです。それでなんとか決着つけようとしたわけですね。

――そうすると、やはり移住者支援の継続の必要もあったので、この農業開発に日系移民を関与させるという話につながったということではないですか。

荒木　いや、移住支援が目的ではないのです。目的は海外の食料開発輸入なのです。そのための手段として、たまたま日系人を活用できるのだったら日系人を使うべきではないかという話でした。最大の目的は資源確保、飼料確保、農産品確保、そういうことが当時の熱気でした。
セラード開発は海外における食料確保が目的でした。当時、今でいう気候変動があり、その中でソ連の穀物不作が原因でアメリカの穀物の８割を買い占めるとか、大変な事件がありました。そうしたことから穀物の国際市況がものすごく乱れた時代です。アジアでもやはり自然環境がおかしくなって農業生産が落ちているという時期だったのです。

――１９７４年にＪＩＣＡが発足しますが、それ以降も三省庁の権限争いは続いたのでしょうか。

荒木　その頃から主客転倒ではないけれど、外務省の外交一元化論にだいたい集約されてきたということが言えると思います。通産省も副理事長ポストを得るなどしてだんだん静かになってきたように思います。ただ、静かにする代わりに、資源開発の事前調査などを、ＪＩＣＡを通して行うようになりました。農水省は、今申し上げたブラジルのセラード開発を手掛けるわけですよ。

ＪＩＣＡをつくったときは、資源確保ということが大前提でした。食料資源の確保と鉱物資源の確保です。この2本柱でＪＩＣＡをつくりました。この話を公表したことはありませんが、あるとき、外務省の御巫清尚《みかなぎきよひさ》経済協力局長に張りついていて、田中角栄首相にＪＩＣＡ創設の案を持っていきました。そうすると首相は、「こりゃあいいなあ、いい名前だね。これはあれだな。オーストラリアで牛飼って、カナダで小麦つくってもってくりゃいいんだな」と言うわけです。全然、途上国の援助とかなんにもない。話題にもなりませんでした。当時、経済協力による開発輸入はこういうふうに資源確保の一環で理解されていました。その意味で言えば、当時のＪＩＣＡは開発輸入公団みたいなものです。

みんな首相の反応にあっけにとられて、「いや、南北問題です」と説明しました。そうしたら今度は「南北朝鮮か」とくるから、「いや、そうじゃありません」という話になってしまい、もう乱れに乱れてしまいました。あまりのことに、最後は全員で笑っていた思い出があります。

政治家湊徹郎との協力関係

――荒木さんはJICA創設に際して、自民党代議士の湊徹郎さんと一緒に活動されたわけですが、荒木さんとはどのようなご関係だったのですか。

荒木 湊さんは福島県の副知事までやった人で、それから国会に出ました。福島にいるときから非常に人望がありました。政治献金等については清潔な人だったので、問題の一切ない人でした。人格高潔で、実に清らかな人でした。また、湊さんは米価審議会の会長までやった人ですから実力もありました。当時、米価審議会の会長といったらすごいですよ。農水省では彼を無視できませんでした。

湊さんは「政治家は国家の政策、つまり霞が関のいろいろな政策に直接介入すべきである」というのが持論でした。政治抜きに勝手に霞が関が政策をつくり、国会議員は後追いというのが当時の実情だったと思います。湊さんは「後追いはダメだ」というお考えでした。今の言葉でいう政治主導で政策立案をやっていく、ましてや国際協力の政策については、政治主導でやるべきだというのが湊さんの考え方でした。あのときそんなことを言う人は何人かいましたけど、その中でも湊さんはナンバーワンでしたね。ほかにも櫻内義雄《さくらうちよしお》さんや農林大臣をやった倉石忠雄《くらいしただお》という人もいました。こういう人たちはいつも私も関係していた研究会に参加していたので、私も親しかったです。

この湊徹郎をサポートしたのが熊谷文雄さん（当時、国際農林業協力協会常務理事で元農業会議所農政課長）です。熊谷さんは農協系に知己が多くて、地方のいろんな農協のボスたちなどみんな知っていました。熊谷さんは湊徹郎の地盤の福島の人でした。熊谷さんが農村を回って、湊さんのための票集めをしていました。湊さんが当選するのは熊谷さんがいるからというくらい、要するに票田を守っていた人です。政治家と親しいこともあって、熊谷さんは農政にも口を出して、農政改革をさせるような人物でした。

世界経済研究協会からの縁

――荒木さんとの接点はどこにあったのでしょうか。

荒木　熊谷さんとの接点は神足勝浩さんがつくって下さいました。神足さんは東大の林学出身で、林野庁の調査課長までやった後、関西の幸福相互銀行にヘッドハントされました。この銀行のオーナーの頴川《えがわ》家というのは、実は日本有数の山持ちでした。

神足さんはそこで国会対策を担当しました。当時、山持ちの人たちは山の保全のための法律、つまり山林法を変えることに関心を持っていました。もちろん、国会で承認を得ないといけないので法律を変えることは簡単にはできません。

法律を変えるためには国会議員を巻き込んでいく必要があるわけですが、神足さんが林野議員の元締めとなっていました。常時30人くらいの政治家が集まっていました。それで選挙になると、神足さんが相互銀行のお金をばらまいて歩くわけです。関西一円の山持ちの人たちが、自分の都合のいいように法律をつくってもらうために政治献金をしていました。

私は世界経済研究協会にいたときに、神足さんと一緒にソ連の産業貿易総覧をつくったことがありました。ソ連と東欧の貿易についての年鑑のような資料です。そのとき神足さんはシベリアの林野について書きました。日本の林野の関係者はシベリアをずっと見ていたようで、神足さんも林野庁の調査課長のときに書いたことがあったようです。

森林については、北方林と南方林の違いがあります。南方林はご存知のようにボルネオとか東南アジアに行ってラワン材輸入をするのが主流です。ただ、神足さんたちは、南方林開発にすごく批判的で、北方材を持ってくるべきだという立場でした。ソ連は裸にしてもかまわないけど、南方では「緑は大切だ」という主張でした。おもしろい人たちでしたね。

――荒木さんが知り合った順番から言うと、最初は神足さん、その次が熊谷さんで、最後が湊さんということでしょうか。

荒木　はい。あるとき、熊谷さんが私に、湊徹郎の書籍を出したいという話を持ち込みました。熊谷さんが、「荒木君、これ、安くつくってくれ」とおっしゃるので、私も安くつくってあげました（笑）。考えてみると、これが湊先生との縁づくりになったわけです。ある意味で、私を引き込む仕掛けだったかもしれません。

――どのような書籍ですか。

荒木　農林業の海外展開に関するものでした。ほとんどの国会議員は国内派だったのに、湊さんは国際派だったのです。彼は早くから「アジア一体化論」を主張していました。農協を中心に、たとえ日本は孤立しても「日本は日本のコメでやればいい」と多くの人が言っていた時代に、「いや、稲作文化を共有する日本とアジアは、より大きい枠組みで連携を深めていくべきだ」という発想を持っていました。

その湊さんの子分というか、系列の渡辺美智雄も国際派なんです。湊さんから見ると、渡辺さんは子分というか、農水子分に見えていたようです。農林省のグループなのですよ。渡辺さんは、当然湊さんの薫陶を受けているわけです。

――本は実際におつくりになったのですか。

荒木　『日本の生きる道　国際協力の基本政策をめざして』（提言集）です。ただ私版本ですから、インターネットでは見つからないでしょう。要するに、政治的に使おうという本でした。私がお手伝いしたのはほとんど選挙用でした。市販はしていません。2000冊くらいを励ます会が開かれていたホテルに持ち込むこともありました。

荒木のJICA創設へのかかわり

——1971年に国際開発ジャーナル社が組織変更して、ここに錚々たるメンバーが入ってきました。穂積《ほづみ》五一《ごいち》さん（海外技術者研修協会理事長）、佐伯《さえき》喜一《きいち》さん（野村総合研究所所長）とか安芸《あき》皎一《こういち》さん（東京大学工学部教授、元国連ECAFE治水利水開発局長）などがいます。こうした『国際開発ジャーナル』の顧問たちは、JICA創設のときにはあまり影響を与えていないのでしょうか。

荒木　JICAのときはないですね。JICA創設のときは、私が個人としてピックアップされたような感じでした。熊谷さんは、湊先生などに対して「この人［荒木］は出版社の社長だけれども、国際協力の流れを変えなければいけないという思想を持ってやっている人だ」といった説明をしていました。

——なるほど。荒木さんがお持ちだった思想とはどういうものだったのですか。

荒木　一つは、それまであまりにも日本中心でやりすぎて、資源開発ばかりやっていたので、これで対外的に今後も続けられるのかという問題意識ですね。ですから、日本の国益中心の国際協力の流れを正常化していこうという発想を持っていました。それについて、官僚の世界からは無理だろうと見ていたので、政治の世界から正常化しないといけないと考えていました。私はそういう意図があって政治家に接近して、いろんな情報をインプットしていくようになりました。

――その際には、やはり大来佐武郎先生の影響もあったのでしょうか。

荒木　当時、大来先生は、もうまったく国際問題にかかりきりでした。大来先生からは、「荒木君、なにかやっているんだって」と聞かれるので、私が「これやってます」と、新しい国際協力のあり方を話すと、「ああ、そうか。それは、やれ」といった感じでしたね。大来先生ご本人は世界中を飛び回っていたし、その後だったと思いますが、大来先生は海外経済協力基金（ＯＥＣＦ）の総裁になったわけですしね。

――湊徹郎さんと、大来先生とはどういう関係にありましたか？

荒木　いや、お二人は関係ないです。なぜかというと、大来先生は経企庁畑の人ですから。一方の湊さんは農林省畑の人です。

設置法作成における農水省との連携

――ＪＩＣＡ設立のための文章をつくるとき、荒木さんは具体的にどのようにかかわったのでしょうか。

荒木　骨格づくりにかかわりました。ＪＩＣＡのもとになった海外技術協力事業団（ＯＴＣＡ）はコロンボプランの延長です。コロンボプランは１９５１年から英連邦主導で行われた国際協力による南アジアと東南アジアの地域経済開発計画ですが、当時のＯＴＣＡの仕事は、研修事業、専門家派遣と機材供与の三つしかありませんでした。つまり、コロンボプランでやっていた仕事をそのまま引き継いでいる感じでした。

１９７０年代初頭、ＯＴＣＡに対する批判が強まっていました。オイルショックがあり、日本経済も圧力を受けているのに、悠長にコロンボプランの延長のような業務をしているとして、ＯＴＣＡ解体論さえも出るような状況でした。

そこで、結果としてＪＩＣＡとして発足することになる新しい事業団をつくろうとなったとき、他の役所がアイデアを出してきました。そもそもの火付け役は農水省でした。農業関係で海外の資源開発をやりたいというのが農水省の意図でした。他方、通産省は貿易の拡大をもっとやりたいし、鉱物資源の開発輸入もやっていかなくてはならないから、資源探査等の調査経費を含めて

ＯＤＡでカバーしてくれるような仕組みをつくってもらいたいという立場でした。
そのような中で農水省のシナリオを書くに当たっては、農水省の海外農林業対策室長の川村浩一さんという人が重要な役割を果たしました。この人は外務省も信頼する政治感覚のある役人でしたね。彼が湊さんにぴったりくっついて、構想案をつくり、原案をつくりました。これに私も参加しました。

――やはり外務省ではなく農林省ですか？

荒木　農水省です。一度できた原案を事業団法という法律にしないといけませんが、国内法の専門家が外務省におりませんでした。一方、農水省は国内法ばかりつくっているから、専門家がたくさんいました。だから農水省からごっそり法律をつくる専門家を集めて、徹夜でつくり上げました。携わった若い連中もみんな東大法学部出身でした。何人もバリバリの人たちが来ました。みんな法律に明るかったです。農水省主導の国際協力事業団法と言っても過言じゃないと思います。そういうものをつくり上げました。私は、「頼むよー」なんて言って一生懸命アイスクリームを差し入れたりしました。
湊先生の考えの骨子は、ＯＤＡの国際化というラインと、日本の経験を海外に移転しながら日本の開発輸入にも役立てるというところでした。

――構想をつくる際、それまでの日本がやってきたことは参考にされたのですか。

荒木　この構想は初めての試みでした。それ以前の国際協力の試みとしては、賠償以外はOTCAを通じたコロンボプランへの参加がありました。ただ、コロンボプランは国際組織ですから、もちろん協力の一環であるけれども、根幹を成すものにはなりませんでした。根幹を成すものはやはり賠償でした。

とはいえ賠償の流れの中では、賠償後の国際協力、あるいは経済協力政策というものが、確立されたわけではありません。当時の国際協力は、言ってみれば賠償の一部の経験を引きずっているようなところがあった。例えばインドネシアがこんなものが欲しいと要請してきたら、商社が間に入ってプロジェクト化し、円借款を付けるというようなケースがありました。

しかも円借款も、当時の借款というのは外貨分の補てんだけでした。昔は単純でした。日本の物品に対するクレジットを付ける、それが円借款ですという立場でした。今は円借款がODAの中心のようになっていますが、当初は全然そんなことはありませんでした。当初は単なる輸出振興の手段でした。

さらに、技術協力もありませんでした。そういう状況でしたから、提供した機械設備などが野ざらし状態で埠頭に陸揚げされたまま赤錆びているわけです。「なんで錆びてるんだ」と聞けば、「いや、インドネシアには技術者がいないから」と言われました。あるいは肥料工場をつくりたいと言えば、プラント類は全部日本からくる。しかしそれを組み立てる技術者はいませんでした。

彼らは日本人がくると思っていたのです。しかし、日本は輸出手当をするだけですから、技術協力には関与しませんでした。そういったことが問題になっていました。

後年われわれも、ＯＥＣＦの若い連中と一緒に大蔵省にかけ合って、現地における外貨手当を援助の中に組み込むべきだという話をして、それによって日本の専門家を雇えばいいのではないかということになったのです。そうしたことをやっているうちに、日本のＯＤＡで技術協力をやろうということになってきたわけです。だんだん進化したわけですよね。

――他方、通産省には海外貿易開発協力事業団の案がありましたね。こちらの方の旗を振っていたのは誰だったのですか。

荒木　おそらく通産省の経済協力局などが中心にやっていたのではないでしょうか。インドネシアの石油会社、プルタミナなどの日本の代表も一緒にやっていたように思います。

反日機運とは一線を画したＪＩＣＡ創設構想

――一方でＪＩＣＡ創設構想が練られていた１９７３年頃は、タイとインドネシアでいわゆる反日運動が顕在化した時期ですね。当時のインドネシアなどはピリピリしていたのではないでしょうか。

荒木　ピリピリ、まさに各国ピリピリでした。日本の企業進出が怒涛の如く一気に進んだため、ある種の文化ショックのようなところがあったと思いますね。私は、日本側もちょっとやりすぎているという気がしていました。また、日本の企業云々というよりも、資本主義そのものが一気に農村の中に入り込んできたという面もあったと思います。農村社会の伝統的価値観が破壊されるように感じ始めたのではないでしょうか。日本の過剰な企業進出という前に、もっと違う意味もあったようにも感じます。

一方で日本政府としても、それまで賠償中心の世界ですから、これからきちんとした経済協力をやっていこうというには、正直言って筋立てが非常に貧弱でしたね。輸出振興の一環でしか考えてないような感じでしたから、「外交政策としてどうあるべきか」ということについても、深く考えもしない時代でした。経済協力を外交の手段としてどうするかについても、それほど考えていませんでした。「賠償後のアジア諸国との連携を深めるために、今どうするか」というような戦略なんかも議論されている感じではなかった。それを湊さんが嘆いて、政治家レベルで背骨を通そうということで立ち上がった。外務省としては嬉しかったと思いますよ。

また別の側面ですが、反日運動のスタートラインは日本側の輸出超過です。例えばタイの学生たちが「日本はけしからん」と言っていたのは、実は向こうの政府が言っていたことと同じです。同じように貿易をやっていても、東南アジアから日本にくる雑貨と、日本から東南アジアに行く価格の高い工業製品では、日本側が輸出超過になるのは決まっていますよね。東南アジア側からすれば、どれだけ売っても輸入超過になります。

例えばタイの場合、日本側と相手国政府との妥協として、貿易格差是正のために円借款を入れようということになった。貿易収支の赤字を資本収支の黒字でバランスするということです。そういう政策転換をやる中でODAの役割が高まった。

――田中首相が1974年に東南アジアを歴訪した際、激しい反日運動に直面しますが、それを受けてJICAの性格を変えるといった議論はまったく起きなかったのでしょうか。

荒木　役所など政府の側では、まったくわれ関せずという感じでしたね。反日感情はもっぱら民間企業のモラルの問題で、彼らが現地で、金に任せて勝手放題なことをやっているからそうなってしまったという認識でしたね。「日本企業はもっと謙虚にせよ」と、逆に怒っていましたよ。それで経団連はなにやっているんだということになって、東南アジア歴史文化研究会などが開設されましたね。

国際協力を目指す二人が意気投合

――ところで荒木さんご自身は、なぜ湊さんと協力しようとお考えになったのですか。

荒木　ＯＤＡの世界の中で、物を書く学者の先生たちもいろいろいました。ただ問題は、理論的な話だけでとどまっていて、政治とリンクがないことだと考えていました。ご存知のようにＯＤＡ議論は開発議論ですよね。開発途上国の開発議論をやっている先生方はいたけれども、私はそうではなくて、ＯＤＡというのはやはり外交のツールとしての意味もあると思っていました。そのため、政治家にもアプローチしていたわけです。

湊先生はまじめな方で、日本の農林業が生き延びていくためにも、やはりアジアの途上国との関係を政策的にきちんとすべきだってことを言っておられた。湊さんからは、「アジア市場論」とか「アジア一体化論」というアイデアが出てきました。そういうときの議論の相手が私でした。当時30代だった私とは、いつもそういう議論をしていましたね。例えば提言集の『日本の生きる道　国際協力の基本政策をめざして』があります。その中で、「国際協力という分野は従来から、いわば政治から取り残され、官僚主導型の政策形成の弊害の著しい代表例だ」と述べています。

湊先生は農水省のいろいろな政策の中に、国際という言葉が全然入ってこないと、嘆いておられました。国会でも国際的な話が全然出てこないとおっしゃっていました。

――荒木さんはなぜ湊さんとそこまで深い関係になったとお考えですか。

荒木　湊さんにいろいろ頼まれて政策提言などを書いていたことが一つの契機だったかもしれません。もう一つは、私が外務省に出入りしていたので、湊さんの提言などを外務省に伝える伝令のように見ておられたのかもしれません。私は外務省内をあちこち走り回っていたものですから、またトンビが飛んできたなどと言われました。

――そうは言っても、湊議員のメッセンジャーとなれば外務省も隅にはおけませんね。

荒木　それは隅には置けません。湊さんが会う相手というのは間違いなく外務大臣ですから、局長クラスも含めて、無視できません。また、湊さんが一番頼りにしていた在野のアドバイザー、熊谷さんが僕を信頼してくれていたことも大きかったと思います。熊谷さんには、すべからく僕の保証人というか、身元保証人的な立場に立っていただいたので。

――もともと農水族で、コメを中心にアジアと言っておられた湊さんが、荒木さんからのインプットもあったけれども、ＪＩＣＡ創設の構想を打ち上げられたという流れになるのでしょうか。

荒木　熊谷さんも農水族だったことも重要です。農水省、農水族の方で、さっき言った海外農林業開発公団をつくりたいという話がありました。この件については、国会で予備費まで認められました。調査予備費が認められたということは、次に形をつくるための前提です。そこまで認められたから外務省も泡食ったと言えるかもしれません。それをやったのが湊さんたちの力です。

湊さんや熊谷さんには、農水省の事業として国際展開をやろうという発想があって、同時にさきほど申しましたように、当時、世界的に食糧事情がひっ迫していました。日本は飼料の一大輸入国ですが、その飼料が不足していました。トウモロコシを先にソ連に持っていかれたらアウトだという意識がありました。飼料をどこで確保するかは当時、農水省にとって最大の課題でした。それではブラジルのセラードでやろうかとなって、セラード開発が始まるわけですよね。ある意味において、JICAというのは農水省の構想するセラード開発が大きな動機になったと言えるかもしれない。

――JICA発足は既存組織から言えば、OTCA（海外技術協力事業団）と海外移住事業団を合併する形ですね。しかし構想から言えば、農水省が持っていた海外農林業開発事業団構想と、通産省が持っていた海外貿易開発協力公団と、外務省の動きの三者を統合して、新しい形のものをつくるという流れになるかと思います。つまり、形としては既存の二つの組織が統合されて発足したが、その背後にあるアイデアは、その二つを単に統合するといったことよりも大きなものだったということでしょうか。

荒木　根本的には農水省と通産省に構想がありました。では具体化するためにどうしたらよいかという段階で既存の組織があることを発見した。そして外務省にはOTCAを組織の核として出せば、新たに発足するJICAで主導権を確保できるという判断がありました。仮に農水省と通産省がそれぞれ新組織をつくって途上国で仕事を始めたら、OTCAと合わせて三つがバラバラに活動することになる。対外的にこんなにみっともないことはないから、外交一元化という大義のもとで一元化しようという声が上がりました。その結果がＪＩＣＡになったのです。

ＪＩＣＡ創設に関しては、先に役所に構想があったことに大きな意味があります。日本では先に構想があるということがなかなかないのですが、ＪＩＣＡ創設はこの点で特異だと思います。ただ、基本は途上国援助という意味の経済協力、国際協力をやるためにつくったわけではありません。基本は資源確保で、先にも話しましたが、田中首相が乗り気だったんですよ。それで大蔵省も動いたわけです。ただ、外務省はそんなつもりではないから、みんな泡食っちゃったわけですよ。ところが農水省とか他の連中は「そうです」と言っているわけ（笑）。

当時、資源確保についてマスコミも危機感を煽っていました。そういった中で日本の資源確保政策に関心が集まったわけですが、開発輸入というのは、日本が初めて使った言葉です。ですからどうやって英語にするかで大変苦労したことがあります。ただ、経済協力の初期の段階から日本はずっと資源確保ということをやってきました。例えば、海外経済協力基金もスマトラ石油をつくるというところから始まったわけです。

コラム 3

ＪＩＣＡ設立と湊徹郎提言集

１９７４年２月15日、田中角栄内閣のもとで、国際協力事業団（ＪＩＣＡ）はその設立が決定され、同年８月に外務省所管の特殊法人として発足した。その背後には、１９７２年にソ連が大量の穀物の買い付けを行った結果、世界食糧不足が起こり、これが田中首相や農林水産省に対して、強い危機感を引き起こした経緯がある（コラム４も参照）。

当時、海外経済活動に関連する組織や構想を持っていたのは、本書にある通り次の三省であった。海外技術協力事業団と海外移住事業団を有する外務省、食糧確保を目指し、１９７２年に海外農林開発公団の設立を構想した農林水産省、資源開発や開発輸入を目指し、海外貿易開発協会の全面的な改組を構想していた通商産業省の三省である。このうち農林水産省を基盤に、ＪＩＣＡ設立の基本的な考え方の提供や省庁間の利害調整に尽力したのが、「わが国対外経済協力の現状と課題」（１９７３年６月）や「わが国『対外経済協力』の基本戦略」（１９７３年８月）を取りまとめた、当時衆議院議員の湊徹郎（１９１９年生まれ）である。彼の提言書は、国際開発ジャーナル社から湊徹郎『日本の生きる道　国際協力の基本政策をめざして』（１９７５年12月、２４８頁）として刊行されている。

湊は１９４２年に東京大学経済学部を卒業したあと、福島県県庁につとめ、総務部長となる。その後、県副知事を経て、１９６３年に衆議院議員に当選、その後４回当選を果たした。国会では対外経済協力委員会副委員長、経済調査会副会長、総合農政調査会副会長などをつとめ、豊富な知識と政策に明るい論客として名を馳せた。

１９７３年６月の「わが国対外経済協力の現状と課題」は、今日の観点から見ても示唆に富む提言が多数あり、その後のＪＩＣＡの機構改革やＯＤＡ改革懇談会の提言を先取りするような内容も少なくない。提言はまず、日本の対外経済協力は、「南北問題」の解決を目指し、発展途上国の適切な産業発展と自立的な経済発展を促し、国際社会全体の「社会的公正の実現」を目指すものでなければならないと、志の高い基本理念を明確に示す。その上で、経済協力を通じて、長期的視野に立った国益の実現を達成すべきであると述べ、２０００年代以降の議論を先取りする見解を示した。さらに、「対外援助基本方針」や「国別開発戦略」の作成の喫緊性と必要性を説き（『日本の生きる道』、32頁）、同時に、対外経済協力を統括する「政府及び関係機関の一体的体制の確立」（仮称経済協力省の設立）の必要性も説いた（同上書、69頁）。こうした提言がＪＩＣＡ設立、あるいはＪＩＣＡの事業運営の方向付けに大きな影響を与えた点は間違いない。ちなみに、提言書の原案や執筆に全面的に協力した人物が荒木であった。

資源確保から開発輸入へ

――　そのような資源確保という目的と、熊谷さんたちがやろうとした農業の国際化というのはどのように関係するのでしょうか。

荒木　ＪＩＣＡ創設について言えば、資源確保という国家の要請に対して、国家の機関をつくろうという機運が先にありました。発足後のＪＩＣＡにとって、農産品の資源確保は直接的な課題ではありませんでしたが、日本に必要な飼料などを確保できるような基盤整備を国際協力によってやろうということになりました。経済協力によって日本のいちばん弱いところを補てんするような開発輸入をやっていこうではないかという発想です。特に農水省が関係する場合はそうですね。鉱工業の場合は、その前から開発輸入というのは進んでいたわけですよね。農水省の動きはある意味では遅れていたともいえます。

それまで、経済協力行政を一体化しようという話はほとんどありませんでした。なぜなら経済協力の大層を占めていたのは通産省の業務でしたから。通商政策の一環として経済協力を活用して、プラント輸出等もやっていました。円借款もほとんど通商政策上使われていたので、主導権は通産省でした。

一方、外務省の経済協力に対するかかわり方は、さきほど申し上げたＯＴＣＡのように、コロンボプランの延長のようなものでした。ですから、経済的な公益という意味において外務省は実力のない官庁だったわけです。なんてったって通産省が肩で風を切って歩いていた印象があります。

——それが１９７０年代初頭になって、石油危機と穀物危機の二つがたまたま一緒に起きて、この危機に対応するため、通産省は鉱物資源確保、農水省は食料確保、飼料確保に俄然、関心を示したということでしょうか。

荒木　そうですね。これは日本として独自に資源確保をする必要があるという考えに基づいて、農水省や通産省は考えたのです。一時はセラード開発のように商社も開発輸入的なものをあちらこちらでやりましたが、そうしているうちにだんだん日本経済の資源確保の世界的なネットワークが進化して、独自の資源開発の方は下火になりました。

——外務省はどうだったのでしょうか。

荒木　簡単な話です。ＪＩＣＡ設立に関して、外務省はＪＩＣＡの総裁職をとりましたから。外務省には独自の構想はありませんでした。外務省からすれば、所管していた既存の機関を、ＪＩＣＡをつくるためのいわば座布団として二つ（海外技術協力事業団と海外移住事業団）出しただけです。発想だけは持っていた農水省と通産省がその中に入り込んで、省益を確保して中身を固めたわけです。

――大蔵省はどのように見ていたのでしょうか。

荒木　大蔵省はいつも天下の大きな流れを見ます。「これはできるな」と思ったら絡んでくるところがありますね。最後は自分たちが金を出すので、最初はなるべく断っていて、自分からは流れをつくらない省です。最初は自分で先導を切らないけれども、大勢に受け入れられて、なにかができるなと思ったら、自分の天下り先をつくらなくてはとなって、一枚かんでくるという話です。

ＪＩＣＡ創設のときも、実は大蔵省は最初からかんでいました。ＪＩＣＡ創設について、霞が関で仕切っていきたいと思っていたのではないでしょうか。政治家が絡んでくると、賠償の時代ではありませんが、なにか政治絡みの黒い霧が出てくるという懸念がありました。大蔵省としては、それは避けたいということだったと思います。

複数省庁が絡むというのは霞が関の一つの知恵なんですよ。今の国際協力銀行（ＪＢＩＣ）の前身に海外経済協力基金がありますね。あれは経済企画庁を主管にして、大蔵省、外務省、通産省という4省庁が所管していました。そうなる前に、実は経企庁だけでやれないかという話がありました。それなのになぜ4省庁が絡んだかというと、経企庁1庁だと政治家に対して弱いからなのです。各省を絡めたら関係が分散するし、国会議員の圧力も分散すると弱くなる。なかなか個別具体的に役人に指示ができなくなります。国会議員の関係を共有する、力の分散という意味で、汚職の防御策みたいなものです。

政治家が絡んできたら、一つの方針もある日、突然変更させられてしまうこともあります。役人とすれば、せっかく立てた方針が全部改定されることになります。賠償から始まって、過去に散々嫌な目にあっていたのです。金目も全部、根本的に変えてしまうこともありました。すでに決まっていることを交渉の現場で変えてしまうこともありました。その場で大臣が、「よし分かった、３００億円増額させよう」といったことです。「おい、君、検討せよ」といったことを、例えばインドネシアの大臣の前で言うわけです。そうなると大蔵省の人たちは真っ青になってしまいます。役人が政治家に随行するというのは簡単ではありません。

コラム 4

食糧・石油危機と資源ナショナリズム

1972年と1973年は日本の外交政策にとっても、国際経済協力にとっても転機の年となった。まず、1972年にソ連が穀物メジャーを通じて大量の食糧を買い付け、世界に食糧危機が生じた。日本でも将来の食糧不足を懸念して、日本の経済協力と引き換えに、途上国から食糧の安定的確保を図ろうとする構想が農林水産省を中心に起こり、これがのちの国際協力事業団（JICA）発足の要因の一つになった。

食糧危機の翌年1973年には、第4次中東戦争の勃発を機に、石油輸出国機構（OPEC）が人為的に国際石油価格を大幅に引き上げ、石油危機（第一次オイルショック）が生じる。そして、第二次オイルショック（1979年）を含めて、1970年代には石油や鉱物資源、米や天然ゴムなど一次産品の国際価格がいっせいに高騰し、石油や自然資源を保有する発展途上国の間では、資源ナショナリズムが席捲した。その結果、国際開発委員会（ピアソン委員会）が、国際経済協力の最大の目標として掲げた「南北問題の解消」、つまり先進工業国（北）と発展途上国（南）の間の経済格差の解消は重大な困難に直面する。というのも、南の国々が、「資源を持つ国」と「資源を持たない国」に分裂し、南北間の経済格差だけではなく、南南間の経済格差という新たな問題が浮上したからである。

ほぼ同じ頃、世界銀行は、マクナマラ総裁（米国元国防長官）の提唱のもと、経済開発だけではなく、発展途上国の人々の生活保障を重視する「ベーシック・ヒューマン・ニーズ（BHN）」のアプローチを採択した。この方針は、のちに国連開発計画が主導する「人間の安全保障」アプローチや、「国連ミレニアム開発目標」（ＭＤＧｓ）の先駆けとなる。

一方、食糧危機・石油危機の発生は、日本が推進する経済協力の目的を見直す契機ともなった。円借款の提供を、途上国が保有する資源の安定的確保の手段と考えた田中角栄首相や、円借款と「食糧開発輸入構想」を結びつけた倉石忠雄農相などは、その典型的な事例であろう。同時に、このときの議論は、国民の税金を使う円借款を、被援助国のためだけではなく、日本の利益を発展させるための外交手段として捉える議論、いわゆる「国益論」のはしりでもあった（コラム8も参照）。

１９８０年代に入って、日本は国際的な要請に応じて、政府開発援助（ＯＤＡ）の金額を積みましていく（本書の付表2を参照）。しかし、その目的は当初の南北問題の解消や海外の食糧・資源の確保から、日米経済摩擦の副産物としての「資金還流計画」へと変わっていくのである（コラム5を参照）。

幻に消えた中山素平ＪＩＣＡ初代総裁案

――財界はなにか関係していたのでしょうか。

荒木　そうですね。本当はＪＩＣＡの初代総裁は外務省の官僚ではなく、中山素平さんになるはずだったんですよ。今だから言いますが、ドラフトまであって、そこに総裁は中山さんと書いてありました。それをいつの間にかひっくり返した人がいたのですね。その結果、外務省の法眼《ほうげん》晋作《しんさく》外務事務次官を総裁に据える流れになりました。要するに外務省主導でＪＩＣＡのトップ人事をするという流れをつくったのですね。

日本興業銀行会長の中山さんはＪＩＣＡの前身であるＯＴＣＡの会長です。そのままの流れでいいではないか。財界主導でやろうではないかという意見もありました。土光敏夫さん（１９７４年～１９８０年に経団連会長）などいろんな人たちもＪＩＣＡに顧問で入れようという発想もありました。僕らもそれにはまったく賛成でしたが、いつの間にか霞が関主導になりました。その結果、でき上がったＪＩＣＡは経済界とは縁の遠い存在になりましたね。

――中山素平さんを推していた財界人たちと、湊さんや熊谷さんとは関係はあったのでしょうか。

荒木　湊さんや熊谷さんは、外務省よりも中山素平でいいのではないかと思っていたのではないでしょうか。特に政治家たちはそう思っていたと思います。当時は開発輸入を重視する流れでしたから、外務省の役人をトップに持ってくるというのはみんな思ってなかったと思います。開発輸入は経済界と密接な関係がないといけないので、財界人を入れるべきだという意見は当然あるわけです。それが、発表されたら違う人事が出てきました。まあ、僕らは発表よりも前に知っていたから驚かなかったですが。

――そもそも中山素平を初代総裁とするドラフトというのは誰がつくったのですか。

荒木　トップ人事は政治家主導、政界主導でした。だから湊さんや自民党の人たちは中山さんだと思っていたのではないでしょうか。もちろん経済界とも相談していたでしょう。一方で霞が関の方では、ＪＩＣＡの総裁が外務事務次官経験者で、副総裁が通産省、それで理事が外務省と通産省と農林省と決めていたわけです。

われわれからすれば、結果的に官僚ベースになってしまったわけですから、ある意味でがっかりですよ。そして原油価格の上昇が収束したら、開発輸入の話もだんだん下火になりました。日本は本当に熱しやすく冷めやすい国だと思います。冷めてきたところでどうなったかというと、完全に役所主導になりました。もう、経済界はいっさいタッチしない。完璧な霞が関ベースの、役人ベースのＪＩＣＡになりました。

――大蔵省の動向はどのようなものだったのでしょうか。

荒木　大蔵省はどちらかというと、やはり財界主導でいくべきではないかということで、中山素平だったように思います。ただ裏を返せば、自分がトップをとれないと思っているからということもあります。トップをとれると思っていたら、一生懸命に自分たちの案を持って来ますよ。

ともあれ外務省からすれば、座布団として自分たちが所管する移住事業とＯＴＣＡを差し出すわけで、たいへんな犠牲を払っているわけです。だから当然、総裁は自分たちがやるべきだと。彼らの言い分は、自分たちの所管から二つを差し出した一方で、農水省も通産省も構想だけではないかということですね。通産省にしてもアジア経済研究所（当時、通産省所管の特殊法人）を座布団として差し出すわけでもありませんでしたし。

湊徹郎と大蔵省

――ＪＩＣＡ創設に際して、大蔵大臣である福田赳夫は一元化に非常にこだわったということです（荒木「霞が関は燃えた」）。これはバラバラの縦割りだと予算も重複するから一元化した方がよいという財政の発想だったのでしょうか。

荒木　その通りです。大蔵省は少なくとも、財源を効率的に使えということを当然考えます。そのため、大蔵省からすればよく分からない海外移住事業団とＯＴＣＡが一本化されることは、もうそれだけで儲けたことになるわけです。事業団経費は人件費も全部入った一般会計予算の一部ですが、そういうものをたくさん抱え込んでしまうと大変なことになります。ですから二つを一つにすることはとてもいいこと、大蔵省からすれば効率的な運用となります。国際協力の中身の方は事業費ですからあまり心配はいりません。大蔵省はいつも財政の安定という大義名分を立てますね。

僕は当時、大蔵省主計局にもずいぶん出入りしていましたが、歴代の主計局長に会って話を聞いていると、湊さんのことをすごくほめるんです。なぜかと聞くと、湊さんは国会議員なのに、選挙区利権の誘導をやらないというのです。他の国会議員の多くは、主計局になだれ込んできて、自分の地域をなんとかしろと言うけれども、湊さんについては一回もありませんと言っていました。「利益誘導をしない立派な国会議員です」というのが主計局の考え方だったと思います。

そういうこともあったので、大蔵省筋からすると湊さんが主導した国際協力事業団の発想というのは非常に賛成でした。とっつきやすいというか、利権絡みのことがないと捉えていました。湊さんが言ったからよかったのではないかと思います。他の人が言うと、なんか利権があるのではないかと疑ったのではないかと思います。

そうこうしているうちに（１９７７年７月）、湊さんは心臓発作で急に亡くなってしまいました。ちょうど私が大来先生の新自由クラブの選挙運動に熱中していた頃ではないかと思います。

円借款と韓国に対する政府借款

――日本の援助の特徴の一つに、円借款という形式があります。荒木さんは、円借款事業についてどのようにお考えでしょうか。

荒木　円借款の第一号はインドです。１９５７年10月、ネルー首相が訪日したときに、当時の岸首相に要請したもので、その総額は５０００万ドルでした。これはインドの第二次5カ年計画の一環としての電力設備、船舶、プラント建設などを対象とするものでした。

対韓援助も円借款です。１９６５年の日韓国交正常化で、いわゆる請求権問題が大変に難航しました。それを要するに、日韓間の請求権を相互放棄する、というような形で決着させるといったことも含めて日韓請求権協定に調印し、日韓基本条約の締結に至ったわけです。これを朴大統領のときにやって、日本側が無償経済協力3億ドル、円借款2億ドルを供与することで妥結し、それで対韓援助が始まりました。

――韓国への政府借款を円借款という形にした理由はどこにあったのでしょうか。

荒木　当時、日本政府がどのようにして韓国政府を支援するかを考えたときに、それには開発資金を貸す、とにかく借款だろうという話になりました。民間企業がやるわけではなく、国家間の取引ですから。国交樹立に関する日韓交渉の過程で、なにか韓国に対して申し訳なかったということで、賠償に代わるべきものを政治レベルで試行錯誤していた。その中で、インフラ関係の整備に協力しようということで政府借款をつけることになりました。それを実態的には円払いの借款、つまり円借款にしたわけです。

李承晩政権がもうぐらぐらになって、学生運動があってひっくり返るなど大騒動を経て、朴将軍が軍事クーデターを起こして政権をつくりましたね。その後日本が現代グループの造船所から鉄工所からみんな支援しました。その原資は借款でした。

朴政権は日米の支持を後ろ盾として成立して、１９６５年６月、無償３億ドル、有償２億ドルの１年払い、金利３・５パーセント、返済期間20年の対韓借款が決まりました。

［2］　政治家と援助

田中角栄と福田赳夫の国際感覚

――ＪＩＣＡ創設の頃、田中角栄首相と福田赳夫大蔵大臣はライバル関係でした。これはＪＩＣＡ創設の局面では、なにか作用したと思われましたか。

荒木　いや、ないです。福田さんは大蔵大臣をやっていたので、前面には出ませんでした。表に出てきたときは、「それはけっこうですね」という話をするけれど、根っこのところでは自分の考えを持っているんですよ。田中さんと同じトーンではなかったと思います。福田さんは、「田中にはないが、俺には俺の考えがあるんだ」という感じだったのではないでしょうか。

福田さんは、田中首相には海外展開や国際協力の頭はない、国際感覚はないと考えていたのではないでしょうか。後に首相になって、福田さんがアジア外交、ＡＳＥＡＮ外交をやるときも、俺は田中とは違うんだと思っていたと思います。ですから田中首相は１９７４年１月の東南アジア歴訪で、最初の訪問国タイでまず反発を受け、最後のインドネシアでは首脳会談が行われた迎賓館から一歩も出られなかった。準備が甘かったし、それ以上に暴動が予想以上にエスカレートしたとも言えますが、それは田中の東南アジアに対する見識のなさなんだという発想が、福田さんの根っこのところにはあったと思います。

国際協力事業団をつくることについては、福田さんは基本的にはいいねということを言っていました。ただ、その彼の思惑というか考え方と、田中さんとは一緒ではないと思います。田中さんは「これはオーストラリアで牛飼って、カナダで小麦つくればいいなあ」という程度なわけです。

でも福田さんの頭の中には、アジア外交があるわけです。岸信介元首相の流れもあってですね。そういうものは田中さんにはないです。そこに突然中国だけがポーンって出てくるわけですよ。それは、関西財界が田中さんを担ぎ上げたからだと思いますが。

田中角栄さんの論理から言うと、資源獲得というのがいちばん簡単な論理でした。彼の発想ではＪＩＣＡは資源確保で、途上国援助という発想はどこにもないわけです。それで南北問題についても、南北問題って朝鮮半島の話かっていう話になってしまいました（笑）。言ってみれば、それぐらいの国際感覚ともいえますね。

――一方で田中首相は、福田さんが比較的慎重だった日中国交正常化を実現させますね。

荒木　日中関係についての田中さんは、関西経済界や、特に岡崎《おかざき》嘉平太《かへいた》さん（全日空社長等を歴任した実業家）のような人たちと一緒に動いたようです。それから公明党の竹入義勝《たけいりよしかつ》が深く関係していました。彼が中国とのつなぎをやりました。

日中関係についておもしろかったのは、中国と交流すると石油や石炭などの資源が確保できるという話があったことです。私たちが聞いたのは、もちろん貿易もありますが、資源が確保できるという話でした。そのために日本の経済界からは、中国に対するたしか１００億ドル規模の経済協力を賠償として払えばいいじゃないかという意見がありました。それに対して、「いや、それは賠償じゃないんだ」とか、「そもそも賠償しちゃいかんのだ」ということでもめたという経緯がありました。

――東南アジアについては経済協力に絡んで政治家絡みのスキャンダルが取り沙汰されましたが、荒木さんは中国ではそのようなことはほぼなかったと言っておられますね。

荒木　中国は社会主義官僚制なので、東南アジアのように一つのファミリーが国家を丸ごと食い物にしてしまうようなことはなかったですね。だから日本の政治家には、中国への経済協力は全然人気がありませんでした（笑）。さらに、中国への日本の経済協力というのは二つの失敗をしてしまったわけです。まず、経済界はうんと輸出が伸びると思いましたが、実際には輸出は伸びませんでした。東南アジアの賠償や援助では、日本のプラントや商品を持っていきましたが、中国はそうでなくて、あちらこちらの国からバラ買いで中国側が主導権を維持しました。だから日本側にはあまりうまみがなかった。もう一つの失敗は石油です。特に関西財界は中国から石油が入ってくると思ったのだけれども、石油も入ってこなかったですね。だから中国援助に対しては、経済界は大失望です。

大来佐武郎の選挙活動をとり仕切る

――荒木さんは大来佐武郎氏が１９７７年の参議院選挙で全国区に出馬した際、選挙運動の事務局長をつとめておられますね。そもそもなぜ大来さんは参議院選挙に出馬することになったのでしょうか。

荒木　当時、国際協力、経済協力あるいは国際貢献について国会で話す人がほとんどいませんでした。やはり国会で発信しないと、国民全体につながっていくというのは難しいところがあります。

そこで、国際協力について国会での発言力を高めていこうという発想が私たち大来ファンの中にあって、大来先生ご自身もそういうお一人でした。そこで、大来先生ご自身をみんなで担ぎ上げることにしたのです。大来先生ご自身に話すと、「それはそうだな。じゃあ私が国会に出て発信じよう」ということになりました。新自由クラブからの出馬です。

実は、先生の心底には、海外経済協力基金総裁のとき、国会で対韓円借款の不正問題で厳しく追及され、立ち往生したことが一つのトラウマとなって、今度は追及、主張する側に立ちたいと考えたのではないでしょうか。

新自由クラブでは大来先生を中心として、かつての経企庁や通産省も含めていろいろな関係者が集まることになっていました。名簿まであったくらいで、官僚出身も多かったし、経済界出身も多かったです。

選挙のときに大来先生が持ってくる名簿は、みんな学者の名簿でした。それで、私は「先生、これ、ダメですよ」と言ったことがあります。そうすると先生は「なんでダメだ」と言うので、私は「学者の場合は自分の分しか票は入れない、奥さんの票は共産党に入ります」と言ったりしました（笑）。あるとき、名簿に魚屋とか八百屋の名前が出ました。そこで私は「これ、いいです」と申し上げました。「このおやじさんは家族全員票を入れますし、かつ店頭で宣伝してくれる。こういう人を選ばなきゃダメなんです」と言ったりして、いろいろダメだと言った思い出があります。そのたびに大来先生が怒っていたことを懐かしく思い出します。

また新自由クラブについては、自由民主党のシンクタンクとして位置付けていこうということを、大来先生とともに河野洋平さんと話したことがあります。自民党を頭脳的に補佐する意味でも、シンクタンクのような存在が必要だろうと考えていましたので。

――　新自由クラブという政党自体を自民党のシンクタンク的な位置付けにするという発想があったのですか。

荒木　そうです。ただ、河野さんは「ああいいですね」と言ったけれど本気になってない感じでもありました。そこで私が、「腐ったリンゴも良いリンゴも一緒に袋に入れていたら、腐ったリンゴが袋に穴をあけてしまいます」「そうすると良いリンゴもぼろぼろ穴から落ちていくから、新自由クラブはダメになる」と申し上げたのです。

それを河野洋平さんに目の前で申し上げたものですから、私は大来先生にずいぶん怒られることになりました。その場では横にいた大来先生に足を踏んづけられました（笑）。さらにあとから呼ばれて、「お前、余計なことを」とずいぶんと怒られました。若気の至りですね。

ただ、私からすれば、新自由クラブは結局、欲張って「腐ったリンゴ」を一緒に入れた、つまりあまりにも多く立候補させてしまった。自民党にとって代わりたいという思いがあったのではないでしょうか。そうしたら当然ながら、党という袋に穴が開いてしまい、ぼろぼろになったということだと思います。結果的には、私が心配した通りになりました。

――　大来先生は結局、参議院議員選挙では落選しました。

荒木　私は事務局長として、選挙の中盤で「5当3落」を痛感し始めていました。5億円の選挙費があれば当選するが、3億円では落選だという意味です。なにしろ全国区は金がかかりすぎる。ポスター一枚からして大量の枚数が必要になるわけです。選挙戦の終盤では、仮に落選しても、大来先生がこれからの国際的活動で支障を来さないように極力、借金は残すまいということでした。そして最終的には借金ゼロの清算となりました。

――その後、大来さんは大平内閣で外務大臣に就任（1979年）されますね。

荒木　第二次大平内閣のとき、イメージアップのために民間外交をやろうということで、民間から外務大臣を登用せよという話になりました。

こういうエピソードがあります。大来先生が参院選に立候補したのを見た大平さんが、「大来は学者だったのに政治にも関心があるのか」とおっしゃった。それで大平さんとしては、「それなら外務大臣は大来でいいのでないか」となったという話を当時聞きました。

実は戦前に、大来先生と大平先生は中国の北京で出会っているのです。それは北京の興亜院です。大来先生は逓信省からの出張ですが、大平さんは大蔵省からの出張だったと聞いています。

東南アジアからの集金

――ところで、さきほども援助に政治家が絡んでいるという話がありましたが、どのような実態だったのでしょうか。

荒木　援助の分野では、ロッキード事件の田中角栄さんのように、政治家がワイロを直接集金することはなくて、最終的には「政治献金」という形式をとるケースが一般的だったと思います。それも、１９６０年代、70年代、80年代といった昔の話になりますけどね。

ワイロの規模感から言うと、途上国側が権限を発揮できる円借款協力が圧倒的に多かったように思います。つまり、円借款は借り手の途上国政府の権限が強く、時に権力者がプロジェクト入札にも関与できる。ですから、落札させた日本企業に対して10%くらいのコミッション（ワイロ）を要求する。過去のケースでは、フィリピンのマルコス大統領の夫人、イメルダ女史は「10%マダム」と言われたように、ODAプロジェクトを手掛ける本邦企業から最低でも10%のワイロを受け取っていたと見られていますね。

１９８６年当時のマルコス疑惑を追及する「マルコス国会」では、企業献金が問題になり、野党が政府にマルコスへの献金企業リストを提出させよ、と厳しく迫る一幕がありました。しかし、外務省経済協力局の藤《ふじ》田《た》公《きみ》郎《お》局長はその要求をキッパリ断り、こう言い放った。「できません。それをすると、国際協力の戦友を失うことになる」と。戦友とは援助の現場でODA事業を支える日本企業を指しているわけです。

とにかく、１９７０年代から80年代には、一般会計予算による無償資金協力でも金額は小さいが、プロジェクト仕掛け人と言われる人物がいて、受注企業から仕掛け代金を頂戴する仲介ブローカーがいました。中にはビルを建てた者もいました。この場合は、政治家がかかわることもありましたね。

今から20年ほど前ですが、モンゴルでの無償資金協力案件で三井物産が摘発され、以来、三井物産はＯＤＡ案件にかかわらない方針を打ち出しました。３〜４年前に三菱商事の小島《こじま》順彦《よりひこ》会長と会ったときには、アジアなど途上国にある海外事務所からあがってくる円借款等の案件は厳しく審査し、おかしいと思われる案件は採用しないと語っていました。企業としてワイロ防止を厳しく行っていることを物語っていますね。また、ワイロに対する国際監視も厳しくなっているので、今ではＯＤＡ案件もほとんど国際入札となり、透明度が高まっているという状況です。

援助と政治家

――ＪＩＣＡの業務に関しては、政治家はあまり関与しなかったのでしょうか。
荒木　開発輸入のところは利権争いがすでに終わってしまい、新しい利権というのはそれほどありませんでした。なぜかと言うと、賠償のような事業がないからです。それから円借款を提供しようとすれば、さきほど申し上げた日本の役所がみな関係しあっているので、それも難しいのです。思い切ってやったのは佐藤栄作首相くらいでしょうか。佐藤栄作はインドネシア石油開発を思い切ってやったのです。石油の確保のため、インドネシアに対してテコ入れしましたね。あれは政治主導の事例でしたね。

あとは渡辺美智雄さんの例がありますね。ベトナム戦争が終わって3年ぐらい経って、ベトナム援助が始まるときに渡辺ミッチー（渡辺美智雄の愛称）が関係してきました。なぜだか知らないけれどと言えばウソになりますが、経済協力に強い国会議員は渡辺さんだということになっていました。それで渡辺ミッチーさんのところにベトナム政府が直談判して、援助を早く実施してほしいという話がありました。

当時、私のところに初代の駐日ベトナム大使が来たことがあります。用件を聞くと、本国から打診があり、第一回の借款がどのくらいの規模になるかを聞かれているというのです。「荒木さん、あなたはどう思いますか」と言うので、私は、「たぶんフィリピンと同じレベル、つまり2百数十億、あるいは３００億ぐらいのレベルだろう」と話したらだいたいその通りになりました。実はそのときに裏で関係していたのが渡辺ミッチーでした。彼はその功績を買われて、オフショアの石油鉱区ももらったと言われていますね。

――鉱区をもらったというのはどういう意味ですか。

荒木　鉱区開発権の贈与です。鉱区権を渡辺さんに譲る形にしたというのです。ただ、自分で鉱区は開発できないから渡辺さんはそれを売った。ある意味では利権を売ったことになりますね。

―― 買ったのは日本の会社ですか。

荒木 そう、石油会社です。その辺りが目立った話です。佐藤栄作さんはずっと前の時代の話ですが。その頃、そんな問題があったとしても、新聞も問題にしなかった。コンプライアンスの問題なんか誰も考えていない。もう、当たり前なような状況でした。力の世界というのでしょうか。

―― 渡辺美智雄さんは、どういう経緯で援助の世界にかかわりを持ってきたのでしょうか。

荒木 渡辺さんについては、特に外務省が引っ張り込んできました。そのきっかけは、国際農林業の懇談会です。そこで、「経済協力はなっちょらん」と彼が発言するようになってきたので、みんなものすごくピリピリしていました。

彼は青嵐会の一員だったのですが、農林議員でもありますから、海外農林業協力推進議員懇談会のメンバーです。これについては国際開発ジャーナル社も一枚かまされて、７００ページに及ぶ『国際協力ハンドブック』（外務省監修、渡辺美智雄責任編纂）というものを出版したことがあります。これは役所のデータを全部集約したもので、その最初の編纂人は湊徹郎さんですが、次は渡辺さんです。もともと農林議員だった渡辺さんを外務省が引っ張り込んできて、いつの間にか経済協力全般の中に彼が入るようになりました。

そのようなわけで、渡辺さんの発言が新聞に出たりしていたのを、ベトナム側も情報収集していて、ベトナムの駐日大使が、日本で援助を推進する国会議員の中で誰が一番有力かと私に聞いてきたのです。それで「渡辺さんです」と申し上げると、「分かりました」と言っていました。そうこうするうちに、トントンと話が進んだのではないでしょうか。私自身は推薦しただけで関与しておりませんが。

援助とフィクサーの暗躍

―― 渡辺美智雄さんはＪＩＣＡ創設のときにはそれほどはかかわっていないですよね。

荒木 ぜんぜん関係ありません。中国への借款にもかかわっていません。ベトナムが始まりでしたね。

―― 他にもそういった話はあったのでしょうか。

荒木 例えば中曽根康弘さんはフィリピンに利権を持っていましたね。ただ、中曽根さん自身が利権に絡むというより、フィリピン援助の「つなぎ屋」のような連中が誰か大物がいないかと探していた節があります。周辺の利権屋が彼を立てたわけですよ。彼がやりたいと言ってやったわけではなくて、周辺のフィクサーが彼を利用したのです。

渡辺ミッチーの周りにも何人もフィクサーがいました。私のところにまで来て、利権らしきことを言っていましたね。ある案件に「円借款をつけるようにしてもらいたい」とかバカなこと言うから、「なにを考えているんだ。これは政府間交渉でやる話だ」って怒ったことがありましたね。

――日本人のフィクサーですか。

荒木 そうそう。なんとか企画って名前でした。もう、うろちょろいっぱいいましたよ。しかもフィリピン政府の中に潜り込んでいました。インドネシアはインドネシアで潜り込んでいました。ただ、それも独裁政権の時代に横行していましたね。

――そういう人たちの前身はなんなのでしょうか。

荒木 なんでしょうか。よく分からないですね。商社にいた人もいます。そうでない、例えば国会議員になりそこなった人や国会議員の取り巻きもいました。落選した人や地元に精通した政商もいましたね。政界とのつながりを持っている人種じゃないですか。彼らは東南アジアの政治家ともつながっていたと思います。

――そういう人たちに担がれる政治家にとってはどういうメリットがあるのでしょうか。

荒木 担がれる政治家は、口利きをして、援助関係者に圧力をかけて、見返りとして政治献金させるわけです。当然、フィリピンでは、マルコス大統領はマルコス一族でとるし、こっちはこっちでとるし。いつも言うのだけれど、口利きというのは別にコミッションをとっていくとか、そんなことではありません。政治献金です。政治献金の口座にお金が入ればいいわけですから。この点はいつも誤解があるようです。どうやってコミッションを持っていくのですかと聞かれますが、そうではありません。コミッションではなくて、政治献金という名目になるのです。

岸信介の系譜

――そのような援助、経済協力に対する政治家の関与は賠償の頃からあったようですね。

荒木　１９６８年頃、大来先生が国会に呼ばれたことがあります。韓国援助の実態を暴くということで。当時、大来先生は海外経済協力基金の３代目総裁でした。大来先生自身は無関係でしたが、韓国のソウルに地下鉄を建設するにあたってワイロがあったとかで参議院でその実態が追及され、大来先生が立ち往生した覚えがあります。見積もりがどうのという話になったら、大来先生は「私そんなの、知りません」と言って顰蹙を買うこともありましたね。総裁たるものそんなことも分からないのかって言われたら、それは下に任せていますからと言い切って、そこまで関知しませんと発言したから、えらい問題になったことがありました。ただ、ご本人は、「なんて品の悪い連中だ」とケロッとしていましたが。

――この韓国の件も、背後に大物政治家がいたのでしょうか。

荒木　対韓援助の後ろ盾は岸さんですね。韓国に精通する国策研究会という組織のトップに岸さんと親しい矢《や》次《つぎ》一《かず》夫《お》という人がいました。矢次さんのオフィスが有楽町の新国際ビルの8階で、私たちのオフィスが9階だったことがあります。だけどうちの五十嵐さんと矢次さんはものすごく仲が悪かったんです。五十嵐さんが、あっちは右翼だとか言って怒っていました。賀《か》屋《や》興《おき》宣《のり》という人もいましたね。元は軍人ですね。あの辺りは矢次さんとかみんなで韓国閥をつくっていました。政治家の関与が一番すごかったのはインドネシアですね。賠償絡みのときは有力な政治家が何人も絡んでいました。田中角栄は最後まで関係なかったけれども、１９７４年の反日暴動でやられましたね。

１９８３年頃の中曽根首相時代の対韓援助40億ドルをめぐる疑惑については、私も追跡し、韓国側ロビイストの暗躍を書いたこともあります（荒木光弥『途上国援助　歴史の証言―１９８０年代』参照）。

――インドネシア、フィリピン、韓国。いずれも岸信介、福田赳夫ラインの関与が強かったと言われていますよね。

荒木　岸さんは大ボスで、福田さんも間違いなくそうですね。それに佐藤栄作がインドネシアでの石油利権でかんでいます。どう転んでも出てくる大物政治家はその系統の派閥ですね。

――官僚などは関係するのでしょうか。

荒木　インドネシアなどでは外務官僚が使い走りをさせられたわけです。さきほど言ったような政治家の関与がありましたから、インドネシアに対する援助サポートは非常に強かったです。金をこんなに付けるのかと文句を言う人は誰もいないような状況です。普通であれば大蔵省がまず、最初に文句を言うはずですが、なにも言いませんでした。なにせ彼らにとって親分の福田さんがいましたからね。

国際潮流を志向した大来佐武郎

――そのような賠償以来の岸・福田ラインのアジア諸国とのつながりと、大来先生が提唱する国際的な援助潮流とは、どのような関係になるのでしょうか。

荒木　まったく別です。インターナショナル・ラインとドメスティック・ラインと二つあって、二重構造になっているのです。岸さんたちの伝統的な政治ラインは、アジアとのドメスティック・ラインなのです。そこには大来先生や鈴木源吾さんは関与していませんでした。

――岸・福田のいわゆるドメスティック・ラインと、国際的な潮流の大来先生とは対立するような関係ではないということでしょうか。

荒木　対立はないです。対立するどころか、むしろ応援していましたね。福田さんたちも、日本は大来先生のような国際的な方向で行くべきだと言っていました。そういう感覚はあるわけです。外交については、あの人たちの政治行動は別にして、アジア的な国際派でした。ただ、それとお金とは別問題ですから（笑）。派閥政治を実行していくために金が必要で、これはまた別問題でした。

――大来先生の方はドメスティック・ラインのことをどう思っていらしたのですか。

荒木　私は先生とよく話したけれども、国内で政策的なコンセンサスを得ていくとすれば、霞が関だけにインプットしても、どうも力がないとおっしゃっていました。やはり永田町を引っ張り込まなくてはいけない。それは政治力学的に分かるということでした。だけれども、日本中心的な状況を放っておいてドメスティック・ラインが正義になったら、日本は終わりだともおっしゃっていました。だから日本の正義はやはり国際的な潮流に沿っていくということを、対外的にも国内的にも広報していかなければならないということでした。

――放っておいたらダメだという大来さんの危機感のようなものはどこから来ていたのでしょうか。

荒木　それはやはり日本社会、特に永田町や霞が関の非国際性のようなものについての危機感です。戦後復興をやってきた担当者たちは、政策官僚が全部まとまってグループをつくっていました。満鉄グループなど、日本の外にいた人たちが主になってつくったものです。彼らが中心になって『日本経済再建の基本問題』をつくりました。これをつくった人たちは、日本の外にいた人が多いです。敗戦後に引き揚げてきた人たちの中にインテリがいました。そう考えると、国際感覚というのはアジア的な意味でもあったわけです。

それが世代交代をして、新しく日本の官僚へバトンタッチされるプロセスで、国内派的な人たちがたくさんいて、世界を知ろうとしないとか、大来先生はいろいろ怒っていました。

昔の人たち、特に戦前に日本の外にいた人たちは、世界を知ろうとか、われわれは世界の情報がなくて、それで日本が負けたんだといった、そういう発想の持ち主が多かったのです。その世代から次の世代へのつなぎが悪かったのです。戦後の日本が安定してくると、官僚の方も安定派の官僚が出てきて、なんだか唯我独尊になって、日本だけでいいような感じになって世界を軽視することになってきたわけです。

それに対して大来先生などは、貿易政策においても外交政策においても、国際感覚を導入しなくてはならないという問題意識を持っていました。国際感覚を導入するときの柱は、途上国の問題、第三世界の問題を理解することだということでした。世界の中の日本といっても、日本の周辺のほとんどは開発途上国です。途上国政策というのをきちんと確立しなければ、日本は貿易政策においても他のいろいろな面においても、成り立たないという危機感を持っておられたんですね。

その当時の日本の途上国政策というのは賠償の延長のようなところがあって、なんというか植民地を見る視点の延長線みたいなところで、つまり途上国を見る目線というのは、戦前のアジアを見る目線でもありました。

――その目線をもう少し具体的に言うと、どのようなものでしょうか。

荒木 もうその頃の東南アジアはガラッと変わっていて、要するに、日本が戦前に軽視して、下に見ていたときのベトナム人とかタイ人ではないわけです。

当時、『国際開発ジャーナル』でもキャンペーンをしました。アジアを下に見て軽蔑して、留学生までも軽蔑していると批判しました。そういう扱いはおかしいとか、われわれよく書いたものです。

大来先生は国際社会の中にあって、彼らの存在がこれから重要になってくるんだとおっしゃっていました。南北問題にはアメリカのケネディ大統領が目を付けたわけですが、大来先生も南の存在は大きいとおっしゃっていました。そこに早めにシフトした方がいいということで、途上国に配慮していきました。

――戦前からの系譜という意味では、台湾にいた人たちと満洲系で活動していた人々がいると思いますが、この両者の関係はどのようなものだったのでしょうか。

荒木　ある程度、重なっていたと思います。台湾経営と満洲経営というのは基本的に異なっていた。ところが、ある意味、よく似ているところもありました。台湾の経営が大きな参考になって満洲経営や南方経営を行ったのです。特に台湾をモデルにしたサイパンの砂糖産業などは黒字になっていましたが、モデルとしての新渡戸稲造による台湾経営の成功は大きかったですね。

――戦後になると、台湾の蒋介石総統や韓国の朴正煕大統領などは反共イデオロギーが強く、そこは同様に反共イデオロギーが強かった岸・福田のラインとも重なっていたと思います。大来先生のような方は、そのようなイデオロギー色とはどのような関係だったのでしょうか。

荒木　行動に色がつくと、幅広い国際行動はとれない。大来先生は社会主義とか資本主義とか、特に共産主義とか、主義主張はあまりこだわらなかった。社会主義とか資本主義とか、その流れで物事を考えるということはほとんどなくて、民族とかアジアとか、そういう領域で考えていたフシがあります。だから中国（中華人民共和国）に対しても、まったく違和感がないんです。あんまりなさすぎて問題だったと思うくらいでした。

――どのような意味で問題だったのでしょうか。

荒木　それはつまり、日中友好の旗を振りすぎたとかですね。右の人からそういう批判を受けました。大来さんはどっちを向いているんですかと言われると、「どっちも向いてません」という回答でした。例えば谷牧《コクボク》さんという鄧小平の一の子分の人がいました。一時期、国務院の副総理をしていて、日本の経済援助の窓口の役割を果たしました。大来先生はその谷牧さんと話をして、今も続いている日中知識交流会というものを創設しました。私は１９８０年春、人民大会堂の一室で谷牧副総理にインタビューしたことがあります。

――そうすると、大来先生はあまりイデオロギーにこだわらなかったということですか。

荒木　いや、共産主義そのものは間違いなく嫌いでした。身を置いているところが資本主義社会だから、ものの考え方も資本主義的でした。大来先生の言う途上国開発援助の開発手法というのは、まったく資本主義的な手法でした。

――米国でウォルト・ロストウが出てきて１９５０年代後半ぐらいに開発主義が形成されていきました。大来さんもそういう流れの中にいらしたということでしょうか。

荒木　そうなんです。ただ、ロストウが「テイクオフ（離陸）」を言う前に（途上国の経済開発は）実際はもう進んでいました。ロストウがやったときは、すでに10年ぐらいの経過を経ているわけですよ。大来先生は、それを分かって分析してやったところが偉いのです。

大来先生は、まさに実際をやってきた人で、あまり主義主張は関係なかったです。そこの国のやり方でいいではないかという立場でした。新聞などで文章を書くときには、それははっきりと言わなかったかもしれませんが、いろいろなシンポジウムなどで言っていたニュアンスから言うと、要するに、途上国における欧米流の短期的な民主化については反対でした。やはり国家の民主主義の安定については、その国らしい民主主義をつくっていくべきであって、時間がかかるという立場です。

――中国についても、そのような感じだったのでしょうか。

荒木　中国についてはは違いますね。例えば毛沢東や周恩来といった人たちに対してもあまり違和感はなかったけれども、共産主義というイデオロギーに基づく中国の政治体制というのに対しては、やはり距離を置いていた感じがありますね。

永田町と国際開発

――荒木さんは幅広く永田町にも人脈をお持ちだと思いますが、永田町への働きかけというのは、具体的にどのようなことをなさったのですか。

荒木　一つは直接的なもので、出版を通じて行いました。もう一つの方法として、勉強会等への参加というのがありました。佐藤栄作が内閣をつくるときの勉強会で世界経済研究協会というのが当時ありまして、そこの理事長が赤松要さんでした。赤松先生は、戦前のインドネシア等々で経済調査をし、雁行形態論で有名な経済学者ですね。赤松先生のところに五十嵐さんもいて、彼らでこの世界経済研究協会をつくったのです。そこに佐藤さんの一の子分、私たちが台所番と呼んだ堀新助《ほりしんすけ》とか、いろいろな人がいました。

ですが、実際に佐藤内閣が成立したら関係が薄くなって、その後も引き継ぎはなかったです。ただ、その会では政治家自身がびっちりと勉強していましたから、その後のいろいろな経済政策や対外政策には反映されたと思います。

―― 少し話が飛びますが、後の首相で、南北問題をわりと強く言った人の一人が三木武夫元首相でしたね。

荒木 三木さんもいたし、園田直《そのだすなお》さん（第一次大平内閣の外務大臣）は非常に理解がありました。それから木村俊夫《きむらとしお》外務大臣がいました。彼は政治家などの多くが南ア（南アフリカ共和国）だけがアフリカだと思っていたのを、サブサハラ（サハラ以南のアフリカ）にも目線を広げてアフリカ全体の外交を展開した人です。国連で有名な演説をぶった人で、私も何度かインタビューしました。

［3］ＪＩＣＡの国際協力

経済協力か国際協力か

――荒木さんはＪＩＣＡ創設の試案の段階から、経済協力ではなく、国際協力の概念を打ち出されています。まさに今日のＪＩＣＡの姿を暗示するもので、どのような問題意識からだったのか、改めてお聞かせいただけませんでしょうか。

荒木　やはり湊さんの影響がありましたが、私自身にも、それまでが経済偏重だったという思いがありました。日本の援助の始まりは賠償です。そして賠償の実態は、資本財などを持っていくという話ですから、経済活動そのものでした。基本的に全部、通産省ベースの分野です。通商政策の一環として、ほとんど全部仕切られていたというのが実態だと思います。

その後、徐々に保健医療や、そのほかの分野の協力の話が少しずつ出てきました。経済偏重では社会分野を包括する、それらを取り入れる場所、場面がないわけです。ですから、経済協力機構や、経済協力事業団では困るわけです。保健医療、農業、そのほかいろいろの分野も入れて、幅広い活動にしようということです。今の考え方まで入れるとすれば、平和構築もやらなければいけなくなります。

そういうわけで国際協力という概念が一番いいだろうというのが私の思想です。これについては、40代の半ば頃から一貫して主張してきました。もし機会があれば今の体制を打破して一本化していこうという発想があったので、湊さんが構想する事業団ができるということについて、全面的に賛成でした。

試案の段階では「床次試案」と「湊メモ」と二つの試案がありました。床次試案の方は、強力な経済協力省の設置を検討するとしていました。床次さんの試案には学者グループも協力していたと思います。私は、経済協力省は屋上屋を重ねるだけですので設置には否定的でしたから、湊メモにそれはありません。

――ＪＩＣＡの名称も、「海外経済協力」とあったものが最後に「国際協力」になったという話がありますね。一体だれが名付けたのでしょうか。

荒木　それについては、かなり早い時期に『国際開発ジャーナル』で書きました。経済協力という時代は、賠償の延長線上での話です。いま申し上げたように、保健医療とか、ほかの協力のあり方もありますよね。その当時、ぽつぽつとＮＧＯ、ＮＰＯの話も出てきていました。それで、すべてを総合して国際協力というコンセプトで呼ぶべきだということを『国際開発ジャーナル』のコラムで書いたのです（１９７４年３月10日号）。役所でも国際協力という言葉は、少しずつですが使い始めていました。

もっとも外務省はそれを使うことに最後まで抵抗していました。なぜなら外務省には経済協力局がありましたから。結局、最終的に自分の組織の固有名詞は変えなかったけれども、新しい事業団の方は国際協力事業団となりました。湊さんがそう決めていたからです。最初から国際協力事業団設立構想で、経済協力とは一言も言っていませんでした。外務省も、経済協力ではもう通用しないという時代の流れは、分かっていました。最終的には外務省国際協力局という名称に変更しました。

ＪＩＣＡと資源確保の現実

――ＪＩＣＡの発足は、資源確保という観点からは、実際に役に立ったのでしょうか。

荒木　役立てるためにやりました。一番いい例はブラジルのセラード地域開発です。これは渡辺美智雄議員がかなり主導的にやりました。実は、渡辺ミッチー農園というものまでありました。向こうの人に、「どうしてできたんですか」と聞くと、「お世話になったので関係者で寄付した」

と言っていました。過日、関係者に会う機会があったので、その後について聞いたところ、あれは没収されたとか、売却したとかと言っていましたね。

話はセラード開発に戻りますが、当時は丸紅が大豆を栽培する計画でした。大豆を大量生産して、日本に持ってくるという話でした。事実、大豆生産をセラードでやりました。ところが、穀物価格は飼料価格に左右される面がありますが、農業は資本主義的な需給調整が簡単にはできません。結果として、大赤字になる年もあります。需要に波があるわけで、商社レベルのビジネスでは波に耐えられないことが立証されてしまいました。大豆需要が高まるとなるや各国は増産します。結果として、国際価格は安定したものの、飼料価格は下落して、利益には結びつきませんでした。

―― 資源確保のためにＪＩＣＡをつくったけれども、でき上がってみると資源確保の必要性は下がったということでしょうか。

荒木　いや、資源確保は多様です。例えば、鉱物資源の調査に関して、海外鉱物資源探査財団のようなものがあり、通産省と密接に連携しながら、援助という位置付けで事業をやることはありました。ペルーならペルーの銅山開発の鉱脈調査をやるというようなことですね。それで実際に鉱物が出たら相手の国の財産になります。この場合、経済協力の範疇に入るわけです。それで出たものを買いましょうとなります。鉱物資源のありかを探査して、整備すれば、相手は外貨収入になり、こちらは資源が確保できます。ある意味ではウィン・ウィンの関係があったわけです。ですからＪＩＣＡの意義はあったわけです。

地域研究の必要性と実際

――ＪＩＣＡが必要とした専門家の特徴についてお聞かせください。当時、既に存在していたアジア経済研究所は国別に調査をしていました。通産省は、経済協力については、国別にまずきちんと調査すべきという発想でした。ＪＩＣＡの設立当時、国別の専門家を育てるという発想をする人はいたのでしょうか。

荒木　ＪＩＣＡとアジア経済研究所との関係に関して言いますと、アジ研（アジア経済研究所）は、そもそも海外技術協力事業団（ＯＴＣＡ）の設立のときに、海外技術協力事業団とパッケージにする構想がありました。やはりアジア地域の研究が必要だと思われていた。地域の研究に基づいて、きちんと経済技術協力をやっていこうというのが筋論だったのです。

ところがそれを、藤崎信幸《ふじさきのぶゆき》さん（アジア経済研究所創立メンバーの一人。同所初代出版部長を務めた）たちが「あかん」と言って動いて、結局、アジ研とＯＴＣＡを一緒にさせなかったということです。一つは通産省、一つは外務省ということでやろうということになったわけです。

パッケージの構想というのは、アイデアとしてはよかったんでしょうけれど、研究と実施は一緒にできるわけがありません。言い方を変えますと、一緒にさせなかったことで、通産利権と外務利権というのが分かれてしまったんです。

研究は、どのみち研究をするわけで、国別の研究もやっています。例えば、アジア動向分析とかですね。私自身も、当時は誌面で経済協力の問題を取り上げるためにアジ研へよく行きました。そしてそもそもタイとは、あるいはインドネシアとはなんぞやといったことについて、基礎的なことからずいぶん講義をしてもらいました。ですから彼らに育ててもらったようなところがあります。

逆に言うと、ＯＴＣＡからはなんの情報ももらえませんでした。コロンボプランの延長で、各国から要請が来ますから、それを処理するだけという状態で、戦略もなにもなかったですね。

――アジ研の中でも、藤崎さんが政策と研究を結びつけるよう主張したのに対して、後から入ってきた東畑精一《とうばたせいいち》さん（東京大学農学部教授、１９６０年アジア経済研究所初代所長。68年同会長）は、政策に役立たせるような研究はやめようと主張し、二つのイズムが対立するという経緯がありました。結局、月刊機関誌『アジア経済』を出すときに、東畑さんが雑誌は純粋にアカデミックなものにすべきと主張し、それに反対の藤崎さんは結局辞職して、貿易大学校（当初は貿易研修センター）をつくりました。ですから財界もアジ研から引くという結果になってしまいました。

荒木　もちろんアカデミズムは必要なんですが、行政上も、やはり地域研究は絶対必要だと思います。しかし当時、通産省もそうだけれど、外務省も地域研究はやっていなかったと思います。専門的にやる機関がなかったのです。やはり地域研究とリンクしないと、国際協力はうまくいかないだろうというのが大前提です。ＯＴＣＡは、そのことを分かっていながら、なにもしなかったということでしょう。

そんなこともあり、ＯＴＣＡについては、経済界からも役に立たない事業団だという不満がありました。ですから新しく国際協力事業団を１９７４年に設立し、開発輸入事業もできるという話をしたら、「おお、それはいい」ということになり経済界からも賛同を得たのです。

――東畑さんについてはなにか印象はおありですか。

荒木　東畑さんは人間的に難しい人でした。朝行くとだいたいご機嫌が悪かったですね。朝のご機嫌の悪い人って珍しかったです。朝にインタビューに行ったらもうたいへんです。私なんか疲れ果ててしまいました。私は小倉《おぐら》武一《たけかず》さん（農林次官。東畑に次いで、アジア経済研究所２代目所長）の方がやりやすかったです。

冷戦期の日本に期待された経済援助

――ＪＩＣＡ創設では資源確保が重要ということで、農水省や通産省のお話が中心になりましたが、援助という観点から見ますと、外務省、とくに対米関係はどのような関係にあったのでしょうか。

荒木　日本の援助という観点では、アメリカと分担していたように感じます。とくにアジアにおいては、軍事と政治は「アメリカに任せろ」という感じでしょう。しかし経済については「日本がやれ」と。ベトナム戦争にしても軍事的にはアメリカ主導だけれども、共産化するのは社会が不安定で貧乏だからであって、日本には経済協力でその対応をしてくれということだったと思います。軍事的なものはアメリカが、社会開発に関する根っこのところは日本が、という分担ですね。

――福田赳夫首相が東南アジアで表明した、「福田ドクトリン」を想起させます。

荒木　まさにそうですね。「日本は軍事大国にならない」と福田さんが言ったわけですが、戦前のアジアへの侵攻の歴史もあるので、軍事は口にしなかった。少しでも口に出せば、シンガポールあたりから戦前の（軍国主義の）復活と必ず言われましたから。あくまでも経済だけをやるということに、戦後、徹してきたように思います。アメリカにしても日本に期待していたのは、終始一貫して政経分離だったでしょう。援助の世界でこれほど徹底したことはなかったです。

また韓国に対する政府借款についても、米政府の高官が頻繁にやって来て、外務省などに圧力をかけていました。韓国を強くせよという主張でした。私はこういう話をよく聞いていました。アメリカは北朝鮮に対抗して、韓国を経済的にどうしても強くしなければいけないと思っていました。そのためには日本も協力せよということで、まあ好むと好まざるとにかかわらず、朴正熙さんを支援することになったのだろうと思います。

もちろん岸さんや福田さんなど、親韓派の人たちが大勢いましたから、「それはそうだ」という感じで衆議一決、まったく異論の余地なく、大きな開発の金が韓国へ流れました。それで、インフラ整備はほとんど日本の援助でやったと言っても過言ではありません。ダム、電力開発から地下鉄、鉄道、港湾、鉄鋼、それから船舶、挙げればきりがありません。

冷戦構造の中で韓国は軍事的経済的に重要な位置付けにありました。したがってアメリカのＵＳＡＩＤ（アメリカ国際開発庁）の役割も大きくて、韓国へ行ったときに外務省を訪れると、ＵＳＡＩＤデスクというのが韓国外務省の中にあったから驚きました。

――韓国の外務省の中に。

荒木　そうです。韓国の外務省の中に、です。それほどアメリカは韓国防衛というか、韓国が社会主義国化しないための措置を経済的にも、もちろん軍事的にも力を入れてやっているのが明らかでした。そこに日本はアメリカから圧力をかけられて、応分のことをしないとまずいというわけで、渋々と行ったのです。アメリカは今よりずっと朝鮮半島に国益を感じていましたよ。

韓国に初めて行ったのは１９７７年で、読売新聞の元経済部長の田中宏さんに誘われました。すでにＯＢでしたが、彼は福田赳夫さんのブレーンだったんです。それで大統領府にも行きましたし、ソウルだけでなく、大田《テジョン》、慶州《キョンジュ》と国道を釜山《プサン》まで南下しました。その間ずっと沿道を見学し、農村を見て、この国は経済発展すると思いましたね。

帰国後、10%以上の経済成長が見込める韓国という報告を書いたら、最初に反応してくれたのは証券会社で、韓国の現状について講演をしたことを覚えています。日本では韓国経済への悲観論がまだ多かったときです。朴正熙の軍事クーデター政権を日本の学者たちは嫌っていましたしね。

―― 読売ＯＢの田中さんが福田さんのブレーンだったことは、この韓国訪問となにか関係しているのでしょうか。

荒木 当時の朴政権が日本国内であまりに評判が悪かったのです。軍事政権であることが強調されていましたし、それで読売新聞で取り上げてくれという話になったのだと思います。

―― 日本政府から読売新聞に働きかけがあったということでしょうか。

荒木 いや、どうでしょう。滞在中、ソウルの日本大使館には一回も行きませんでしたし、日本の駐韓大使とも会いませんでした。ですから政府の関係は全然なくて、福田さんやその周辺と朴大統領とのコネクションだったのではないでしょうか。大統領に会ったときも「福田先生によろしく」という感じでした。大統領は戦前の日本の軍服みたいな服を着て、戦前の日本の軍人が出てきたようでビックリしましたね。

当時アジア経済研究所でも左翼が強くて、韓国はつぶれる、崩壊寸前という論調が主流の時代でした。でも実際に訪れて各地を見て回ると、先にお話ししたような状況だったんですよ。農村を見せてもらうと、需要が大きく、国内市場が拡大していることが分かりましたし、経済界についても、当時の一〇大商社の人たちに会って話を聞かせてもらいました。まあ、読売にも「韓国をもう少し持ち上げろ」という圧力はあったようですね。日韓関係を良くせよという意図でしょう。福田さんからそういう話があったのではないかと思います。

国内政治と援助の経済分野への特化

――先ほどのお話にあった日本の援助における政経分離ですが、日本国内向けの側面もあったのではないでしょうか。

荒木　政経分離であると言わなかったら、とてもではないが当時の社会党をはじめ、それは大変です。対韓援助に対しても社会党系は相当批判していました。政経分離と言わなければ、日本のアジアに対する援助は持続しなかったと思います。賠償のときはまだよかったのですが、その後、日本はアメリカの手先とか、片棒を担ぐのかとか、そういうふうに言われていましたから。

――そのようなイデオロギー的な面での野党からの批判と、もう一つはソウルの地下鉄やマルコス疑惑など、金銭レベルでの野党からの追及もありましたね。

荒木　野党の人たちは、むしろ援助そのものが腐敗しているという論法でした。要するに、腐敗政権を腐敗させているという、そんなニュアンスのキャンペーンでした。

加えて、ＮＨＫも１９８０年頃のマルコス批判のときは、そのような論調に同調してやったので、ＯＤＡがおかしくなったと思っています。私自身ちょっと頭に来ていますが、アンチＯＤＡの流れをつくったのはＮＨＫです。ＮＨＫ特集でマルコス疑惑をかなり取り上げて、あれでＯＤＡの評価は暴落しました。ＮＨＫ特集が世論形成をしてしまったと思います。その結果、政治がＯＤＡに関与しなくなりました。政治家が関与して、批判されたらまずいから、政治家は関与できなくなりました。

――政治が関与しなくなったのはよいこととお考えですか。

荒木　いや、逆説的に言うと、永田町がＯＤＡに関心をなくしてしまって、予算が増えなくなりました。それはもう因果関係が明快です。

第3章

アメリカの対日圧力とODAの急増

[1] 援助と外交

日米貿易摩擦交渉と日本の黒字還流計画

――１９８０年代についてお聞きしたいと思います。１９８０年代は世界で累積債務問題が発生する一方、日本は経済のスピーディな回復によって貿易収支の黒字がどんどん増え、先進諸国から貿易黒字の独り占めではないかと批判を受けるほど、黒字をため込んでいました。これをどうするか、そうした中で出てきたのが、一つには資金還流計画であり、もう一つはＯＤＡの倍々ゲームとでも呼ぶべきＯＤＡ倍増計画だったと思います。日本はＯＤＡ大国へと走り出しました。荒木さんはこのような状況をどのようにご覧になっていましたか。

荒木　まあ、貿易黒字に対する欧米のバッシングは激しかったですよ。世界景気の浮揚のために日本経済は機関車たるべしとか、経常収支の黒字を資本収支の赤字で帳消しすべしとかね、いわゆる黒字国責任論です。こういう外圧の中、１９７８年のボン・サミット（先進国首脳会議）

で福田赳夫首相は第一次のＯＤＡ３年倍増計画を国際公約しました。そして80年代に入ってすぐ81年には鈴木善幸首相が第二次のＯＤＡ５年倍増計画を、85年には中曽根康弘首相の下、第三次ＯＤＡ７年倍増計画というように、政府はＯＤＡの倍増計画を次々に立て、実行に移していきました。ですから89年には実績で世界第1位のＯＤＡ大国になっていました（付表2を参照）。外務省などの援助担当者は、黙って座っているだけで予算が増えていくという今では考えられないような状態でしたが、実施機関の方は大変ですよ。案件が次から次へとありますから、処理能力がもう限界で、その結果、どういうことが起きたかというと、よく咀嚼せずにＯＤＡ資金が途上国へ流れることにつながった。また粗製乱造のプロジェクトがまかり通る弊害も生まれました。

しかしそうやって黒字減らしに奔走しても、先に申し上げたアメリカをはじめ国際社会からの黒字国責任論はなくならないんです。そこで持ち上がったのが、６５０億ドルにも達する資金還流計画です。倍増計画に関して外務省でいろいろ議論をしていたときに、私も一回ワシントンに行ったことがありますが、ワシントンの外交当局はかなり圧力を感じていましたね。日米関係の総合的な圧力と言ったらよいのか、その延長線上に資金還流という難題が出てくるわけです。

――資金還流ですが、まず金額を見ると、外務省の年表にはトータルで87年６５０億ドルと書かれてあります。その前85年ぐらいには３００億ドルという数字も出ています。

荒木　最終的には１９８７年ですか、政府は資金還流における金額を６５０億ドルと発表しました。その年の5月に中曽根首相が訪米してレーガン大統領との会談で内需拡大と黒字還流を説明するとともに、貿易黒字対策のための「資金還流計画」構想を公表しているんです。そして翌月にはヴェネチア・サミットがありました。日本は「開発途上国への資金供与を増加させるとの新たな措置を打ち出した日本政府の最近のイニシアティブを歓迎する」と、閉幕後に発表された経済宣言で褒められましたよ。

ただ僕に言わせれば、留意すべきは、ＯＤＡが日本独自の戦略で倍増されたというより、あくまでも貿易黒字対策の一環であり、シンボリックな形で量の増大があったということですね。それとこの巨額の資金は、ＯＯＦ（other official flows）と言われるＯＤＡ以外の公的資金が大半で、ＯＤＡの比率は少なかった。債務国や世銀など国際金融機関への拠出などが大きかったです。国際金融の安定への貢献とは言え、日本国民が汗水流して稼いだ資金が大盤振る舞いされたのも確かなんです。そこで、われわれ『国際開発ジャーナル』はそれらが一体どこに流れたか、言葉は悪いが、ばらまかれたのではないかということを追及しました。

要するに大蔵省は、資金の効果とか成果とか、資金還流のエバリュエーション（評価）については、あまりふれたくないんですね。資金の流し方がアメリカ流というか、アメリカの意のままだったのかもしれません。大蔵省というのはワシントンに弱いですからね。

――外務省ではなくて。

荒木　私の実感では、大蔵省ほど弱いところはないです。世間のイメージとは逆かもしれませんが、まったく底抜けに弱いんです。だから、その筋からピシッと言われたら、もうなんでもギブアップという感じです。

資金還流は一種のマジックなんですよ。大蔵省流に言うと、日本の資金を、各国、国際機関にストックしているんだということになります。私が還流計画について取材した際も、これは一種の国際貯金だという答えでした。政権交代で民主党政権になったときに、それを全部吐き出せと民主党が役所に迫ったことがありましたが、それでもぜんぜん吐き出していませんよね。膨大な資金が流れて、ストックされていることは間違いないと思います。それは米州開発銀行とか世銀とか、あるいはワシントンに拠点を置くいろんなファンドのところに流れているのでしょうけれど、実態はよく分からない。どこにどうストックされているか。これはまさに世紀のマジックだと僕は思っています。

われわれ援助の世界では、小さい金額のＯＤＡ批判はありました。しかしマルコス疑惑なんていくら追及されてもなにも出てきません。資金還流の方も現実に流れていったわけですが、資金が流れて、それがどうなっていったかについては、分かっているかどうか疑問です。

――確かに、還流計画は金額が大きいわりには、評価も報告書もありません。だからみんな知らないということですね。

荒木　いやあ、知らしめないんですよ。

――当時はまだ評価の枠組みがなかった、ということはありませんか。

荒木　いやいや、そんなことありません。ＯＥＣＤ（経済協力開発機構）のＤＡＣもやっていましたし、評価基準とか評価手法もありました。援助の世界では、評価はそれなりに定着していました。この問題はＯＤＡの評価、日本の資金還流の資金の流れの評価なんですが、それがよく分からないんです。大蔵省は、宮澤喜一大臣のときも、アジア経済危機で救済資金を流し込んだのだけれども、これも報告があまりありません。

――そうですね。東南アジア諸国に10億ドルずつ配分したようです。実はタイ側のデータを使ってなにをしたかということを確認できます。使う期間がすごく短かったから、各国とも苦労したようです。

荒木　使う期間は1年以内でしたか。インドネシアもたぶんそうですね。そういうお金の流れについて、評価ができていないと思います。そしてその典型が６５０億ドルの資金還流計画なんです。はっきりした報告書もなければなにもないということで、いまだに分からないままになっています。

ただ、一つだけ、あとになって部分的に出てきたのは、当時債務危機に陥っていたフィリピン、メキシコの救済で、あの負債の処理に、日本の金がけっこう流れたと思います。ただ、負債の原因もいろいろあって、相手の国も不正をしたという事情がありました。もともと不透明な金の流れで、そもそもおかしくなっていたところにつぎ込んでいくわけですよね。結局、そこで起きることというのは、国際的な融資の焦げ付き処理です。

しかし負債は残っているから、最後に利益を受けるのは、アメリカ資本ということでしょう。要するに、金融筋を含めてそれなりの利益を受けるわけなんで、その辺のところを追及していくと、まあ、真相も見えてくるのでしょうが、結局、流れ流れて、あやふやになったということでしょう。

――メキシコなどの債務救済は、当時のアメリカの財務長官の名前を取ってブレイディ・プランと言いましたが、実際にはアメリカが片付けたのではなく、お金については日本が支出したということになりますか。

荒木　まさにアメリカ流還元計画だったと思います。しかもアメリカの政策失敗の尻拭いを、ある意味で日本にさせたという側面がありますね。ラテンアメリカはその典型だと思います。日米貿易摩擦の交渉でも、最後の最後は日本のものの考え方、日本流の風習や考え方、伝統まで変えろなんて、バカなことを言う始末です。日本の文化論にまで踏み込んですからね。私たちも、「ふざけんじゃない」って怒りました。日本は徹底的にやられたわけですよ。その上で黒字還流のところでは、先取りされてどんどん持っていかれちゃって、根こそぎやられていたわけですね。

だから私は、せっかくため込んだ黒字をもっと有効な、将来の投資につながるような使い方をすべきだと主張しました。だけど結局は、アメリカの尻拭いをやってしまった。それで日本の投資は、アメリカに対する政治的投資にはなったけれども、経済的投資にはならなかったという結果でしょうね。バブルの経験を含めて、今でもなんとなく空虚な感じが残っています。

――その当時、まさにＯＤＡ大綱の議論があったと思います。これもアメリカからの圧力という文脈で考えればよいのでしょうか。

荒木　それは、むしろ重要なのは冷戦の終焉です。１９８９年の東西冷戦の終焉、それから湾岸危機、戦争があり、ソ連の崩壊が１９９１年ですね。これで本質的にＯＤＡが変わってくるんですよね。大蔵省の予算の貼り付けについて、ある人に言わせると、冷戦終焉で「これでほっとした」と。なぜかと言うと、「これで外圧がかからなくなる」ということです。

要するに東西冷戦時代には、アメリカが「ＯＤＡ予算を増やせ」という外圧をかけていたんです。世界の安全に対して自衛隊で対応しないのであれば金で対応せよということだったんでしょう。大蔵省の手かせ足かせというのはアメリカなんですよ。冷戦終焉でＯＤＡに対する考え方が変わってきたというのは、大蔵省に対米政策の一環としてＯＤＡをやるんだという意識がけっこうあったからなのです。外務省は全然、関係ないです。

――なるほど、途上国援助が目的ではないわけですか。

荒木　少しすれ違ってしまいます。アジア政策との関係で、アメリカと組んでアジア開発銀行（ＡＤＢ）をつくるとか、ＩＭＦや世銀を支援するなどについてはおおいに結構、やろうということで、前向きになります。私から見れば、外交はそういう大蔵省の対米政策に乗っかっている感じでした。

対米外交は日本外交の基軸ですから、援助のとき表に向かって「アメリカの圧力で援助しています」とは言わないけれど、実際には対米外交でしたね。これは外務省にとっても大前提だから言うまでもないことでした。大蔵省も外務省も自民党政権全体が、冷戦崩壊まではアメリカの世界戦略に、なんらかの寄与をするということを基軸にしていました。それに加えて、ご存知の日米貿易摩擦があったわけです。それを少し和らげるというか、そのためにも、ある程度資金を出す。貿易で儲けているだけではなくて、援助のお金も出してアメリカの政策に協力する。そういうことによって対米外交をメンテナンスしていくということだったと思います。

――資金還流計画もその一環だったということになりますね。

荒木　そうですよ。これは恐喝されたわけですよ。ものすごく恐喝されたんです。６５０億ドルとかね、大変なことでした。従来の大蔵省では考えられない話ですけれど。繰り返しになるかもしれませんが、大蔵省がいかにアメリカに弱いかということの証左です。

ほとんど大蔵省が主流というか、中心になって６５０億ドル以上の黒字還流をやっていこうとなった。背景になにがあったかというと、さきほども少し触れましたが、要するにメキシコとかフィリピンとか、アメリカに非常に友好的な国がみんな破産状態だったわけです。

彼らを救済する、いや、建前は債務救済なんですが、それはやはりアメリカの政策にとって重要なことでした。メキシコを救済することがアメリカは当時できなくて、唯一日本が救済できる立場にあった。救済すべしという外圧が相当かかったということです。

だから援助と一口に言っても、そういういろいろな建前と本音があって、表向きには理想的な看板を張っているけれども、その裏は、もうまるまる政治の世界、アメリカへの追従外交の世界でしたね。

――１９８０年代初め、メキシコ、フィリピン、インドネシアそしてタイも、この時期に世銀の構造調整融資を受けました。それに対して日本は世銀に出資するだけではなくて、なんらかの、要するにアメリカがかかわっているメキシコ、フィリピンに対してもそれ相応の貢献をしろということになったのでしょうか。

荒木　そうです。日本がダイレクトに貢献する場合もあるわけですが、国際機関を通じてやるという話でした。世銀ないしは第二世銀、そういうところに拠出する。そういうことで圧力がかかったわけです。そこを通して彼らを救済するということでした。それから当時、債務救済の国際的なフレームワーク、例えばパリクラブですか、そういうものがありました。また、OECDの貿易部会で議論となって、貿易黒字を独り占めしている日本が攻撃され、ヨーロッパからも圧力がかかったわけですね。

対ヨーロッパ外交とアフリカ援助

──日本の黒字還流計画の裏には、米国からの圧力があったというお話でしたが、実はヨーロッパからも圧力がかかったと。

荒木　いや、ヨーロッパは累積債務についてはノータッチという感じでした。ヨーロッパ人の言い方はおもしろいんですよ。われわれが果たすべきところは、援助で言えばアフリカだと言います。そのアフリカ援助を、ヨーロッパを助けるような形で日本ももっと積極的にやってもらいたいと言うんですね。この辺からヨーロッパの圧力を受けて、アフリカ開発援助の話がどんどん出てくるんです。

南アフリカ政策の転換もありました。アパルトヘイト（人種の分離・隔離）政策に関連する法律を廃止した南アの政策転換で、日本も全アフリカを対象に現地のナショナリズムというものも頭に入れてやっていこうとなりました。ケニアにジョモケニヤッタ農工大学というのがあります。

当時、ケニアのケニヤッタ大統領の声が大きかったので、彼を使ってアフリカ外交をやっていこうということでした。その最初の話は旧宗主国のイギリスから出てきました。当時、外務省も通産省も、アフリカに協力することによって、ヨーロッパとの貿易摩擦を回避しようと思っていたのではないでしょうか。当時はよくそういう話を聞かされましたよ。

だからアフリカ援助というのは、どこから始まったかというと、一つにはヨーロッパの圧力で始まった。それから、もう一つは南ア政策の転換で始まったのです。

―― 対米関係の延長線上に、ラテンアメリカの債務問題への対応があったのと、似ていますね。

荒木 ラテンアメリカの場合は間違いなく対米外交の延長線上にあったと思います。アフリカの方は、ヨーロッパとの貿易問題の延長線上にあって、そこに「お前もちゃんと手当をせよ」というような圧力というのでしょうか。ヨーロッパとは貿易交渉で、正常な貿易関係をつくるということをやっていましたから、その一環として対アフリカ援助を押し出したのかもしれません。

―― アフリカ支援に関しては、ヨーロッパには基本的にロメ協定がありますね。１９７５年に当時のヨーロッパ共同体（ＥＣ）９カ国とアフリカ・カリブ・太平洋地域の途上国46カ国が締結した協定で、要は旧植民地だったのだからヨーロッパには責任があるという話です。日本については、金を持っているのだからやれということですか。

荒木　ヨーロッパは、そういうことを言うのは平気ですよ。自分たちが植民地時代に搾取したことは忘れてしまってね。ヨーロッパ人は、要するに日本もアジアから富を収奪したというようなことをよく言っていました。僕は記事で老獪なるヨーロッパと書いたことがありましたよ。

――それではアジアに対して、ヨーロッパはなにを期待していたのでしょうか。アジアに対しては全面的にやれということでしょうか。

荒木　いや、アジアに対しては植民地時代の権益を少しでも守るという立場でした。要するにヨーロッパは、アジア市場からは根こそぎ追放されたと思っていました。日本のマーケットになっているから、日本がアジアとの結びつきをこれ以上強めることはもう許さないという感じでした。

――それはいつ頃の認識でしょうか。

荒木　１９７０年代です。タイには日本企業が爆発的に進出していました。反日運動も起こるわけですね。田中首相が74年に訪問したときは学生の反日デモで大変でした。ヨーロッパも、アジアは日本に完全にしてやられたと思っていました。

例えば、60年代の末ですが、シンガポールの華僑系の人で、私をかわいがってくれた人がいました。その頃、よくその方の自宅に泊まっていました。その家では、最初はヨーロッパ製の冷蔵庫が置かれていました。それが５、６年たった頃でしょうか、メイドインジャパンになりました。

数年で、もう目に見えて市場が変わっていったのです。ヨーロッパ製品は4、5年の単位で、かなりなくなりました。もちろん賠償から始まって、それに続く経済協力と、いろんなことはありましたが、徹底した日本製品の市場進出の成果にも見えましたね。

当時の日本の対ヨーロッパ外交の本音というのは、ヨーロッパに対する貿易摩擦対策としてアフリカ援助をするということでした。日本の政府は、純粋にアフリカに対する援助をやるんだと叫んでいるように聞こえますが、スタートラインは、対ヨーロッパ貿易の不均衡を是正するということを前提にしていました。実際のところ、貿易は無理やり是正できないですから。ただし、こうした動きそのものは80年代ぐらいです。

――ロメ協定でアフリカを支援するだけでは、足りなかったわけですね。

荒木　足りないから、日本に圧力がかかってきたんです。まあ日本が、むしろ申し出たという側面があったかもしれません。「貿易不均衡是正は勘弁してくれ」という感じです。貿易の是正はなかなか人為的にできないですよね。ですから、従来からアフリカに援助しているヨーロッパの負担を少し和らげようという発想でした。そうした発想で、対アフリカ援助というのが出てきました。大蔵省も、アフリカなんて金にならないと言っていたけれども、貿易摩擦回避対策の意味があればお金を出すわけですね。

コラム 5

ODA中期目標と資金還流計画

日本政府は1978年7月に、ドイツで開催されていた主要国首脳会議の場で、1980年の援助実績を1977年のそれの2倍（28・48億ドル）にする方針を表明した（これを「政府開発援助（ODA）第一次中期目標」と呼ぶ）。その背景には、日本のGNPが世界第2位になったことを受けて、経済大国としての責務を果たすよう先進国、とりわけアメリカから圧力があったことによる。この点は「ODA倍増」の方針表明が、1978年5月の日米首脳会議で予め確認されていたことからも分かる。

以後、1981年1月の「第二次中期目標」（1981年から85年の援助実績をそれ以前の5年間の2倍［213・6億ドル］以上とする）、1985年1月の「第三次中期目標」（1986年から90年の援助実績の総額を400億ドル以上とする。プラザ合意による円高の結果、単年度ごとの目標を前倒しで実現した）、1988年1月の「第四次中期目標」（1988年から92年の援助実績の総額を500億ドル以上とする）のいずれも、日米の経済関係がODA金額の数値目標と密接に絡んでいた。

とくに、1987年から1990年までの3年間に総額で300億ドル以上の支出を約束するという中曽根政権の「資金還流計画」と、その後増額され、1987年から1992年の5年間に総額650億ドル以上の支出を約束する「資金還流計画の拡充」のふたつは、1980年代半ば以降、激化していた日米貿易摩擦の交渉経緯を反映していた。つまり、1985年9月に、先進5カ国の財務大臣・中央銀行総裁会合（G5）で「プラザ合意」がなされ、ドル高の是正を試みたものの、日米の貿易不均衡を解消することはできなかった。その結果、1987年には、経済大国としての責務遂行だけではなく、日本がため込んだ貿易黒字を世界に還流させる政策として、「資金還流計画」が策定された。そして、1989年6月、日米構造協議が開始されると、項目別の交渉と並行して、ODAを通じた貿易黒字削減の促進が図られた。

この過程で最も特徴的な変化は、「南北問題の解消」や「食糧・資源の安定的確保」をその目的に掲げてきた日本のODAが、いつのまにか日米経済交渉の道具の一つになったという点である。このことは、ODAの方針が、外務省、農林水産省、通商産業省、大蔵省の4省協議から、日米経済交渉を管轄する大蔵省（のち財務省）の判断に左右されるようになったことを示唆する。実際、荒木は「中期目標」の策定や「資金還流計画」の実施の過程で、ODA政策に対する大蔵省の影響力が以前にも増して高まったと証言している。

大蔵省と援助政策

――お話をうかがっていると、外務省ばかり見て考えていてはダメだということがよく分かります。

荒木　外務省ばかりではダメです。財務省（大蔵省）と、経産省（通産省）の政策動向は重要です。実体経済にかかわることですから、私はけっこう財務省を見ています。

――そういった交渉は、パリクラブやG7の場で、実際に会談などを通して行われているのでしょうか。

荒木　それは、一種の裏取引だと思います。アフリカ援助をしますと、一応表に出るような形で言ったとしたら、ヨーロッパのその筋は事前にその話を言っているはずです。日本はECの肩代わりをやってくれるというようなことが、それと分かるみたいな仕組みはつくっているんですよ。

――そういうときに、外務省なら経済協力局の担当ですが、財務省はどこが出てくるんですか。国際金融局ですか。財務官も出てくるような話でしょうか。

荒木　出てきますね。財務官が出てきたり、時として次官も出てきたりする話です。財務官クラスの連中は分かっているから、アジア開発銀行の歴代総裁は財務官出身が多いんじゃないですか。その辺はもう日頃から、彼らは外務省とは別に、お金の面でアジアと密着していますね。

二つのルートがあるんですよ。表外交と裏外交と言ってもいいかもしれません。ＡＳＥＡＮの会議などは表の方で、外務省がやっていますが、裏の方という表現がいいのかどうか、とにかくそれは財務省がしっかりとやっている。アジア通貨危機もそうでしたけれど、みんな分かっていて、日本経済が大変になるというときは金を出すということですね。

財務省は日本が中心ですから、対外援助なんて考えていませんよ。外務省はやはり国際約束もあるし、一応建前上はちゃんとね、相手の国のためにやらなければならないという、ま、きれいごとを言うわけですが、財務省はあまり言わないですね。仮に言ったとしても、建前であって、実際は国益偏重です。いつも国益を考えていますよ。

――財務省のねらいはなんだったのでしょうか。

荒木　財務省には、日本の国家を背負っているという過剰なほどの意識があります。いろんな役人に会いますが、他の役所でときどき、「お前、どこの国の人間だ」というような人がいるんですよ。とくに外務省には多い気がします。ところが財務省はほんとに日本の国のことだけを思っていますね。国粋主義者と言ったらおかしいけど、国益を過剰なほど重視する人がたくさんいます。

主計官あたりはとくにそういう意識が強いと思います。そういう彼らが予算を査定するわけですね。それなのに外務省が国際的な観点に立ったＯＤＡ論で説明するから、反論されてしまうのだと思いますよ。だから僕は、そうではなくて「国益をもっと強調して言え」なんて外務省にも言うのですが、誰も聞いてくれませんね。予算を取った方が勝ちだと思いますが。

円借款と大蔵省

――ところで援助の形が、日本と他のＯＥＣＤ加盟国とでは違いがあります。日本は圧倒的に有償が多いですが、他の加盟国は無償援助が多いですね。

荒木　日本はそれを自助努力と言っているんですが、ヨーロッパの自助努力とは全然違いますね。ヨーロッパの自助努力は、自分たちでやりなさいということです。これに対して日本の自助努力、つまり円借款の考え方は、自ら返済する能力を向上させるということなんです。借りたものは返すというのは、日本人からすれば当たり前の話です。もらいっぱなしでは、借りたものでも返さなくなるだろうということですね。

ですから日本としては、借りたものを返すという習性、あるいは考え方を伝えていくべきであって、ヨーロッパのような全額無償では、相手の国民を堕落させてしまうと批判をしていました。でもヨーロッパにもヨーロッパ流の考えがあって、それで無償中心にしているわけですから、考え方の違いをめぐって、過去はもめにもめていたことも確かですね。

――日本型の自助努力というアイデアは、大蔵省がつくったのでしょうか。

荒木 それを、いちばん言ってきたのは大蔵省ですね。

――アメリカにいろいろ言われて嫌になったから、少しは日本の色を出すとか、そういう意志はあったのでしょうか。

荒木 いや、大蔵省は円借款の資金管理をきちんとやっていくべきだということでした。援助のお金を一般会計予算から増やすというよりも、余っている日本の貯金を使った方がいいという、資金運用上の、彼らの都合ですよ（財政投融資の資金を指す）。税金については、使うべきところは他にたくさんあるということでした。

つまり、日本の財務当局には、最初から円借款に税金を使うという発想はなかったのです。当時はだまっていても貯金は余っていたわけです。それを活用しようというのが大蔵省の考えで、しかもその金を長期に世界中にシフトしていけば、それはあとから順々に返ってくるという考えですね。いま毎年、返済額が５０００億円くらいでしょうか。金利が３００億円くらい入ってきますから。

――円借款は、そういう意味では日本のオリジナルですね。

荒木 まったくオリジナルです。最初の円借款は、外貨分、つまり、インドネシアに商社が機械を輸出しますよね。すると機械輸出の分、その分の外貨分を融資していたんです。つまり、まるまる外貨手当分でした。だから内貨のローカルコスト負担はないわけです。

それに対して、それは援助ではないという批判があったわけです。それは単なるクレジットであって、輸銀とどう違うんだということになってくる。それで内貨をつけるということで、内貨まで含めて融資するということになりました。そういうことを後から始めましたが、最初の段階ではまったく外貨支払い分だけの融資でした。

財政当局は、最初からしっかりと資金管理をやろうという発想でした。もともと賠償援助をやって、変なくせというか、これが援助だという原型をつくったんですよね。だから賠償援助というのは、円借款の原型のようなものだとも言えます。

アジア通貨危機への対応にみる日本の意図せざる政策

――　97年のアジア通貨危機の後の新宮澤プランについてはどう評価されますか。

荒木　財務省が前面に出てきましたね。基本的に彼らが動かないとダメだったですね。あのときは日本の企業が大打撃を受けたということもあって、新宮澤プランは日本企業の救済なんです。だからアジア経済危機のためと言うけれど、ほとんどが日本企業を救済するようなものでした。

建前はアジア全体を助けたようになっているけども、アジアに進出している日本企業の救済といった方が分かりやすい表現かもしれませんね。

それで、首相になった小渕恵三さんたちが後を引き継いだわけですが、当時日本企業の救済ばかりやっているではないかとの批判があるというので、人材協力を行うことになりました。

―― 小渕さんはまさに人材協力に注力されましたね。その後、ずっと評判がいいです。東南アジアの人たちは、いちばんいいのは小渕さんだとみんな言いますね。

荒木 そうです。要するに、企業に携わる技術者等々を含めて、生産に携わる人材が不足しているから、アジア経済危機のような問題も起こるのだという判断でした。アジアの経済基盤をきっちりするためには、やはり人材の確保が必要だとなりました。そのためには理工系を中心とした人材育成ということになりますが、まずは先生方を育てなければなりません。それで、シードネット（後出）というのが出てくるわけです。彼らがその布石を打ったわけですよ。今や本当に膨大な人数の先生方を育成しました。

年間10億円ぐらいの話ですけれど、財務省は人づくりには金を出しましたね。彼らは教育には熱心なんです。だから文部省はがんがん予算がつくじゃないですか。国会議員の政治圧力だという声もあるけれど、本質的には財務省も人材育成は好きなんですよ。好きっていうか、政策的に教育は国家の根幹だという、明治以来の伝統を引き継いでいるようなところがあります。だから、援助においても人づくりについてはオッケーということになるんです。

大学をつくるとか、訓練センターをつくるとか、これは効くんですよ。日本がやったということをみんな覚えているんです。それなのに、バカな連中が、人づくりに金がずっと張り付いているのを、どこか人づくりとは関係ない事業に使いたいから、人づくりの予算をなくしてしまおうとします。実はそれがＪＩＣＡとか外務省なんです。要するに新しいことをやらないと外交の目玉プロジェクトができないから、新しい目玉を見せるために古いやつをみんなぶった切ってしまうわけです。ところが継続性は力なりというように、継続性がないと力にならないんですよ。

―― 人材育成については『国際開発ジャーナル』で荒木さんはかなり早い時期から書かれていましたね。

荒木　僕、ずっと言い続けているんですよ。これ実は若いときに、大蔵省にいろいろ出入りしていて教育されてしまって、大蔵省のいう人材育成論がすっかり身に付いたところがあるんです。それなのに外務省はそういうことをなんにも考えない連中なんですよ。人材が外交の効果を高めるということをあまり考えないんですね。

―― その頃、大蔵省でそういう薫陶を与えてくれたのはどういう方々ですか。

荒木　例えば吉田《よしだ》太郎一《たろういち》さんといってね、アジア開発銀行の3代目総裁です。彼は次官になると言われていましたが、政治的になれなかったんですね。立派な人格の方でした。そのほかにも初代アジア開発銀行総裁の渡辺《わたなべ》武《たけし》さんも立派な方だったし。立派な方がときどき大蔵省から出てきますね。

援助の問題も国益に立脚して話をしないかぎり予算が増えないんです。予算が減った最大の理由は、まさに国際協調をがんがん言いすぎてしまったことも一つだと思っています。今でも、一般会計予算は大変だけれども、財務省は、返ってくる金だったら出そうと言っているわけです。しかし外務省の無償資金協力に対する大蔵省の見方は厳しいですね。国益の「こ」の字も見えないというわけです。

―― そうしますと、南北問題への対処も、大枠は東西冷戦の中で南をなんとかしないと危ないという発想だったので、したがって東西冷戦がなくなると南北問題も自動的に話されなくなったということになりますか。

荒木 その通りです。ということは、ＯＤＡが持っているパワーが半減していくことになります。あとは各国の事情により行い、経済的動機でやっていくことになります。例えば、イギリスの場合だったら旧植民地を抱えていますから、それとのかかわり合いでやっていくことになります。ドイツはドイツ流の機械を売り込む先の市場開拓的なところでやっていくとかですね。だんだんそれぞれ各国の思惑で動き始めてくるわけです。

ヨーロッパとアメリカについては、国際コンセンサスというか、冷戦時代からヨーロッパの危機感とアメリカは同じで連携しているように見えましたね。もちろん日本も連携しているんですけれど、実は日本人は巧みだと思います。というのも東西冷戦で「大変だ大変だ、日本は平和憲法があるから軍隊を出せません、経済だったら協力できます」と言いながら、経済圏を確立していったわけですね。アメリカに協力しながら、膨大な経済圏をアジアでつくり上げ、そうしながら、ある意味、実態としては欧米を駆逐したわけです。これは意図しない戦略だったのかもしれない、意図しているかもしれないけども、意図しない戦略と言ってもいいぐらい見事なものと言えるでしょう。

——援助のアンタイド（紐付きでないこと）化も、その戦略を巧みに続けていくための一環だったのでしょうか。

荒木　いや、それはずっと前の話です。それは企業進出の前に貿易の一環として考えるべきものでした。例えば、今はインフラ輸出と言っている、当時のプラント輸出を行うときに、日本の賠償はそもそもタイド（紐付き）ですから、日本の企業の人たちは賠償だか経済協力だか分かっていないわけです。実際は賠償のときもビジネスを行って、賠償ビジネスは要するにプラント類を持っていくということでした。資本財とか全部大型プラントで、それを全部タイドの形式で実施しました。

その次に援助が始まって、韓国への政府借款でも日本のものをタイドで供与しました。ですからＯＤＡが始まっても、賠償の頃からのタイドがずっと続いてきました。呼び名は違いますが、実態は同じ紐付きだったんです。それをどんどん日本企業はやって、それが日本の戦後復興、経済振興に大きく役立ちました。

こうした点については、一時、ヨーロッパにも日本の戦後復興なのだからやむを得ないという意見もありました。アメリカも、朝鮮戦争もあって、日本の戦後復興は必要不可欠で、日本はやはり強くならなくては困るという意図もあったわけです。それで、アメリカも紐付きの賠償や援助について見て見ぬふりをしていたところがありました。

実際に日本には全然反省もなく、それがどんどん続きました。東アジアや東南アジアのみならず、中東や他の地域でも始めました。しかしそうやってヨーロッパの牙城が円借款のタイドでやられ始めてくると、ヨーロッパとしても黙ってはいないわけです。

ヨーロッパはＯＥＣＤのＤＡＣを支えているわけですから、そこで連合して、日本叩きをやろうということになってきました。円借款の条件緩和はいろいろありますが、それ以上にアンタイドをどんどん主張するようになりました。

それでも、完全アンタイドになるのは２０００年ちょっと前ぐらいでした。その前にはＬＤＣ(Least Developed Country　後発開発途上国) アンタイドというのがありました。ＬＤＣアンタイドとは、ひとことで言うと、例えば、アジアで国際入札するときに、アジアの国々は参加できるという決まりでした。ですから、欧米は参加できません。当然、日本が勝ちます。なんだかうまい話ですが、それをＬＤＣアンタイドと名付けました。

――大蔵省が考えたんですか。

荒木　当時の海外経済協力基金（ＯＥＣＦ）だと思います。

――ＬＤＣアンタイドと言えば、アジアの中に日本は入るわけですね。

荒木　そうです。欧米は排除して日本とアジアで一緒にやるのがＬＤＣアンタイドです。一時それを続けました。そうすると、国際入札をやってもまだ日本にボコボコ案件が落ちたわけです。けれども、それはだんだん縮められていきました。

当時、日本は外貨保有で世界の頂点に立つ勢いがありました。その頃はむしろ輸出してはいかんという時代です。もう通産省も立つ瀬がないわけですね。そういう時代があって、日本もＬＤＣアンタイドを放棄して、完全にアンタイドの方向でいいですと、そういう方向に変わっていきました。

ニューエイドプランの試みとＯＤＡ減額の始まり

――１９８０年代は、新しい開発政策や援助行政の可能性があった時代でもありました。１

９８５年から始まるニューエイドプラン（New “AID” Plan）、つまりニュー・エイジアン・インダストリーズ・ディベロップメント・プラン（新アジア工業化総合協力プラン）についてはどうご覧になっていましたか。これは、アジア諸国の外貨獲得産業の国際競争力を強化し、これらの産業を支えるサポーティング・インダストリーの育成を図る、通産省とＪＥＴＲＯが協力した初めての技術協力でした。

荒木　通産省が進めた計画で、私も取材しましたよ。通産省が外務省をあえて排除したんです。というのも当時、外務省はアンタイド派で、ニューエイドプランもアンタイドだという話になるのを通産省が懸念したんです。外務省の発想からすると、国益なんて考えてはダメなんですね。

――それはよく言われる、援助をめぐる外務省と通産省の対立といった話でしょうか。

荒木　そうとも言えますね。一番分かりやすい例は『経済協力白書』です。これは、戦後ずっと通産省がつくっていました。それが２００１年から外務省の『ＯＤＡ白書』が始まりました。そのタイミングで交代するわけです。通産省は名前も経済産業省に変わった。そしてその頃には、経済産業省としてはあんまり経済協力のうまみがなくなってきていました。

ただし今、お話している１９８０年代は、まだがんがん行っていました。通産省ががんばらなければやっていけないというような状況でした。

――正式には『経済協力の現状と問題点』から『ＯＤＡ白書』に移ったときのことですね。

そこで外務省に白書作成の責任が移ったわけですから。

荒木　私からすれば、通産省の『経済協力白書』というのはけっこう分かりやすいものでした。今の国益論が入っていましたので。経済界もあの方がおもしろいという意見だったと思います。今の『ＯＤＡ白書』は、最初から終わりまで建前だから分かりにくいという意見ですね。日本の意図がどこにあるんだという話になります。『経済協力白書』の方は、日本の意図はこれなり、つまり貿易振興だというのが明確でした。あの頃のＯＤＡは非常に分かりやすい話でしたが、だんだん分からなくなったように思います。

――　１９８０年代初めの経済協力白書は、要するに日本万歳でした。そこから日本のモデルをアジアに広げるという流れが生まれ、ニューエイドプランが出てきて、ＪＥＴＲＯに技術協力の予算が入ってきました。その頃、『国際開発ジャーナル』はどういう立場でしたか。

荒木　ニューエイドプランについてはサポートしました。それでもたくさんは書けませんでした。変な話で、私が書いていると「また書くんですか」という声がありました。やはり通産省と外務省は犬猿の仲というか、現在に至るまで仲が悪いように思います。

――　また書くのかと言われるのにはどのような背景があったのですか。

荒木　一つはＪＩＣＡが技術協力を行っていましたが、当時、ＯＤＡの国益優先に対する批判がけっこうありました。それとの関係の中で、通産省畑のことをあまり書くと、大手メディアにたたかれるような風潮がありました。

――ということは、ニューエイドプランは国益を前面に出した試みだったということですか。

荒木　出しましたね。ただ、外務省はそれについていけないわけです。そんなもの国際的に通用するかという話ですね。ニューエイドプランというのは国益論なので、これは国際的に耐えられないという議論です。ですからやりたいなら通産省の独自の事業としてやったらいいんじゃないですかという発想でした。そこまでいくと、お金を出す方もなかなか出せなくなってくるんですよ。メディアは騒ぎましたし。

もう一つ、大蔵省が一番嫌っていたのは、各省がみんな同じようなことをやることです。それではＯＤＡを全省がやっていることになってしまいます。それで予算を叩き切ったんですね。その結果、ＯＤＡがトータルとして減ってしまいました。最初にＯＤＡの額が減った最大の理由は、各省にばらまいていた予算を、ある省においてはゼロに近くなるほど切ったことにあります。そこからＯＤＡ予算の下り坂が始まったとも言えます。言い換えると、一本化していくんです。一本化というのは、外務省による外交一元化、実施一元化、ＯＤＡ一元化ということです。外務省が一応勝ったことになります。

［2］　大国化のひずみ

外圧によるＯＤＡ予算の急拡大

――話が多少前後しますが、ＯＤＡ予算の中期目標をつくるときに、荒木さんは呼ばれて相談を受けることがありましたか。

荒木　正直に申し上げると、第一次（１９７８年）から第三次（１９８５年）あたりまでは呼ばれた覚えがあります。第一次の頃は、主導権はどちらかというと、福田赳夫さんというか、いわゆる大蔵省系が強かったように思います。

――外務省ではないのですか。

荒木　もちろん外務省と大蔵省の協議ということになってはいました。しかし中身の方は財政計画も含めて、大蔵省が主導権を持ってやっていたように思います。私の見るところ、第一次や第二次は極めて政治的に動きました。どちらかというとマル秘型というか、あまり公開せずに進めていって、外務省が5年倍増計画をぼんぼんと出しました。ただ、外務省によると、「大蔵省のバックアップがあって、倍増計画はできます」ということを言っていました。表向きの援助計画は別にして、裏ではやはり大蔵省がほとんど仕切っていたように思います。

――１９７７年の国際経済協力会議（先進国と途上国が「平和共存」の時代の国際潮流のあり方を話し合った会議）では、５年間で倍増することを約束しています。その後、日米協議の場で3年間に短縮させられ、それで閣議決定し、ボン・サミットで報告をしています。ですから完全に国際的な圧力がかかってやったように思いますが、どうでしょうか。

荒木　福田赳夫さんの時代ですよね。大蔵の主導権で、「福田さんがいたからできた」と外務省は言っていました。おそらく福田さんの主導権だったと思います。その後は、目標の前倒し達成が繰り返されていましたね。85年は7カ年倍増計画が円高で、2年繰り上げとなっています。

――日米構造協議が始まる前の話ですね。直接大蔵省とアメリカの当局者がやっていたということでしょうか。

荒木　けっこうやっていたみたいですね。日本の駐米大使もかんでいるわけですけれども、お金の問題ですから、やはり大蔵省が主導権をとってやっていたと思います。そしてそのヘッドには福田さんがいて、福田さんの司令塔のもとでいろいろ動いていたということになるのではないでしょうか。

予算急拡大の顛末

――　１９８９年に日本はＯＤＡの拠出額でアメリカを抜いて一位になります。この頃ＯＤＡの理念についての議論はなされたのでしょうか。

荒木　いや、議論はそれほどないです。深く議論もせずに、どんどんお金だけが増えていった感じです。ただわれわれは議論していましたし、国際協力やＯＤＡに関係する学会の方でもまじめに議論していました。外務省は「そうだ、そうだ」と言っていたけれど、口で言っているだけでしたね。理念についての議論はバイパスというか素通りで、ＯＤＡにはいろいろ政治課題もあるからということで、課題だけがどんどん上乗せされていったわけです。

だから今度は実施機関のＪＩＣＡあたりでは人手不足に陥ってしまって、援助の予算執行が非常におかしくなってきました。

――　そうですね、そんなスピードで伸びていたら、人材が追いつかないように思います。

荒木　人材は増やさないわけです。人は増やさなくて、援助プロジェクトの数だけ増えました。もう一つは、輸出につながったらダメだということでした。黒字が増えてしまうからです。ですから通産省はとくに泣いていました。俺たちはなんのためにいるんだと。ＯＤＡにはプラント輸出とかいろいろなことがあったのですが、そうしたことは一切まかりならんということになりました。だからみんな、手詰まりを感じていました。その結果、要は丸投げ、「あげる」という感じになりました。

――今では信じられないような話ですね。

荒木　信じられません。その上人が少ないから、忙しくてＪＩＣＡでも病気になる人や過労で亡くなった方もいました。人が増えないのは、一つには行革（行政改革）の枠組みがあるからです。増員は行革に逆行するわけですから。その一方で、外交問題としては、外圧がかかってＯＤＡを増やすという話になります。しかし行革と対外圧力の問題を勘案して、どうするのかというような総合的な判断は全然ないんです。貿易黒字を引き剥がして外へ適当に流してしまえという状況でしたね。

マルコス疑惑

荒木　そんなことで、従来のやり方を無視してでも、いろいろやれということになったわけですね。ある意味において、絶対命令のようでした。狂乱状態とはあのことだと思います。その後からマルコス（フィリピン大統領）への援助の問題になるわけです。背景として、狂乱状態の中で、ＯＤＡのお金の使い方がルーズになってきていました。もっと言えば、フィリピンに限らずどこでも、使ってくれる相手だったらなんでもよかったわけです。そうすると、「使ってあげるけど、俺のポケットに少し入れろよ」なんていうことになります。入れてくれたら、ちゃんとアイデアも出して使うようにしてあげるという、まったく変な話です。

――本末転倒もいいところですね。

荒木　そうです。マルコス政権の末期には、まさに10％はコミッションをとっていたんです。あの当時、業界で言われていたことは、大統領府がまるまる10％とるわけです。例えばダムの総額に対して、円借款でもなんでも、担当業者が10パーのコミッションをやるんですよ。

――上乗せするということですか？　それともどこかから抜くということでしょうか。

荒木　いや、抜くことはなにもなくて、本体は、そのまま工事をするわけです。ただ、それをやった企業からとるわけです。そのために、企業はどこかから抜かなくてはなりません。だから、総額は変わらないんです。例えば請負企業が６００億円であったとしたら、その請負金額の中にコミッション分を入れ込んでいますから、それを献金すればよいわけです。

――つまり、入札のときに上乗せしているわけですね。

荒木　だから請負金額が上がりますが、横から見るとなにも変わっていないのです。業者も泣かない。「20％ぐらいは持っていかれたんじゃないか。20パー上乗せしなきゃならない」というような話を聞きました。

けれども円借款というのは借金ですから、相手の国の国民にしてはたまったものではないわけです。借款の返済は国民の負担ですからね。正常に考えたら、まったく腹の立つ話なんです。僕らはこれを批判していたんですが、ダメでしたね。

――フィリピンの場合は、日本側で誰かが特定の窓口になったようなことはあったのでしょうか。

荒木 いろいろな人たちがいました。中曽根系の人もいたように思います。青嵐会の渡辺ミッチーあたりも関係していたようです。ただ、政治家は全部をまるまるやったわけではありません。必ず政治家の下には先行部隊というか、もぐりの部隊がいるわけです。

――そういった話が出てくるときは、フィリピン側はイメルダ・マルコス大統領夫人のグループがカウンターパートになったのでしょうか。

荒木 イメルダ夫人のグループがちょこちょこと要求してきたと思いますね。要するに、ODAで橋をつくります、造船所をつくります、道路をつくります、といろいろプロジェクトがあるでしょ。プロジェクトがあるたびにイメルダさんのところを経由して入っていったわけです。接触があるのはエージェントですが、配分するのは本部になります。まあ、本部というか、おおもとのマルコスの本部のイメルダ財団じゃないけど、イメルダ夫人の仕切りのところからみんなやっていたようですね。

中央できちんと管理をして、秘密が漏れないようにしているんです。ばらばらにやっているとあちこちで漏れるじゃないですか。われわれも、なかなか追及できなかったのは、本部ががっちり固めていたからということがありますね。

――それはマルコス大統領より、どちらかというとイメルダ夫人が実権を握っていたということですか？

荒木　イメルダ夫人が実権を握って、しかしそこにいるのは大統領が指名した連中です。優秀な官僚も含めてがっちりといましたね。そうやって固めていましたから、情報はなかなかとれないですね。例えば、当時、デルタモーターというトヨタ自動車と仕事をしていた会社がありました。それのカウンターパートみたいな連中には、財閥がけっこう関係していました。そのあたりの人たちが裏で動いていた感じもあります。地方財閥ですよ。イメルダ夫人はそこからもむしり取っていたようです。

――イメルダ夫人の出身地レイテの財閥も関係がありましたか。

荒木　いや、あまり関係なかったみたいです。イメルダがＯＤＡでつくった有名なものでは、無償による船員訓練所というのがありました。レイテ島の方でしたでしょうか。有名になりましたけれども、ああいう類いのものを数多くつくったんですよ。彼女がサインをして、言ってみれば日本に対する発注書をつくったわけです。

――たしか、世銀やＩＭＦが総会をやるとき用につくった国際会議場がありますね。

荒木　そうです。ただ、あれは彼女が世界ファッションショーをやろうと思ってつくったんです。世銀やＩＭＦのような高尚な話ではないですよ。建前はそう言っているかもしれませんが、本音はファッションショーなんです。そのことをわれわれがアジア開発銀行で言うと、相手がもう煙たい顔をしていましたね。

――そうした中で、いわゆるマルコス疑惑が表面化することになりました。

荒木　マルコス疑惑というのは、フィリピンの経済状態が悪い中で、それを立て直そうとしたアメリカの圧力から起きたと言ってよいものですよ。アメリカからフィリピンを救済せよという圧力が、日本にかかりました。当時首相の中曽根さんは、ご存知のようにアメリカとツーカーだったので、「分かった」ということになりました。日本の国内でいろいろな反発があり、また外務省にも「まずいんじゃないですか」と言う人もいたけれども、あえて強行しました。

それが国会で問題になって、あなたはマルコスとそんなに親しいのかということで、中曽根さんは最後まで追及されることになりました。中曽根さんにすれば、「俺は、あまりメリットがないな、そんなにもらっていないのに」という感じではなかったでしょうか。中曽根さんにしてみれば、もともとアメリカからの圧力の中でやっていたわけですから。

当時のフィリピンは外貨がないため輸入できないので、商品援助のような形になりました。それが輸入代替となって国内に入っていって、国内の不足物資を補てんする、というのが原則のようになった話なんですね。そういう形の援助で、つまり物品援助なんです。

インドネシアでも、かつて大量の物品援助をやったことがあります。トランジスタラジオでもなんでも、ばーっとやりました。経済活性化とインフレ抑制のためでした。当時、トランジスタとか最先端の製品を持っていくと、みんな、バカバカ買ってくれます。それによってバブル状態の金を吸収してインフレ制圧をしました。そういうことで、一つのインフレ対策として、商品援助というのは効果がありました。

フィリピンのマルコス疑惑ですが、私に言わせれば、あれは完全にアメリカの圧力の結果でした。ある意味では、そんなことは知れたもので、その前から、ちょこちょこやったことは別なんです。実はこのちょこちょこやってきたことは、国会で議論されていないんです。まったく指摘されていなくて、摘発もされなかった。特捜が入って、「誰かめぼしい人物がいるんじゃないか」と調べていました。われわれもずいぶん特捜からヒアリングを受けました。それで彼らと親しい人がいて、話ししていたら、「やっぱり荒木さん、現場のあなたたちには迷惑をかけない」と言っていました。それなのに（事件が）ＪＩＣＡにいったから、僕は頭にきましたね（コラム6を参照）。

コラム6

マルコス疑惑とその結末

１９８６年2月、約20年間続いたフィリピンのマルコス政権が、市民の街頭運動によって崩壊した。のち「ピープル・パワー」とか「黄色の革命」と呼ばれた民主化運動がそれである。このマルコス大統領追放の引き金となったのが、１９８３年8月、ベニグノ・アキノ元上院議員のマニラ国際空港での暗殺であった。米国政府はこの事件の真相が解明されるまで援助を停止すると表明。日本でも暗殺事件を契機に、一挙にフィリピン向けＯＤＡに対する疑惑が浮上した。実際、１９６６年から86年までの21年間に、フィリピンに投入された円借款は４０００億円と巨額にのぼり、１９８５年の実績は3位、86年の実績は2位であった。

マルコス政権が崩壊すると、日本のメディアはいっせいに「マルコス疑惑」の追及を始める。また、１９８６年4月には国会に「フィリピン経済援助調査特別委員会」が設置され、同委員会も円借款と「マルコス疑惑」の真相解明を開始した。これは、１９７６年2月、「総理の犯罪」として全国を揺るがした政治汚職事件「ロッキード事件」を念頭において、「マルコス疑惑＝第二のロッキード事件」という構図が特捜やメディア側にあり、疑惑の背後にいる政治家をあぶりだすことが、キャンペーンの大きな狙いであった。

　ところが、真相解明が進まない中、ＪＩＣＡ職員とコンサルタントの汚職事件が新聞で突如報道され、「マルコス疑惑」は政治家の関与からＪＩＣＡの汚職問題へと切り替わる。『国際開発ジャーナル』の巻頭コラムで「マルコス疑惑」を繰り返し取り上げていた荒木は、「ＪＩＣＡ贈収賄事件と報道」（86年10月号）の中で、「マスコミは、フィリピンで実証できなかった『援助のワイロの構造』というテーマを、ＪＩＣＡ事件を通して実証して見せたと思っている」と、その腰砕けの姿勢を批判した。結局、「マルコス疑惑」の解明はうやむやのまま、１９８６年11月にアキノ大統領が日本を訪問する。このとき中曽根首相は、４０４億円という巨額の円借款を新政権に約束した。

　この「マルコス疑惑」を一つの契機として、日本では経済援助やＯＤＡをめぐる政策の批判や擁護論が盛んになされた。鷲見一夫『ＯＤＡ援助の現実』（岩波新書、１９８９年）はその一例である。そして、１９９０年代の一連のＯＤＡ改革論議をへて、渡辺利夫・三浦有史『ＯＤＡ（政府開発援助）――日本に何ができるか』（中公新書、２００３年）や、現地住民の目線から批判した村井吉敬『徹底検証ニッポンのＯＤＡ』（コモンズ、２００６年）などが刊行された。

検察による第二のロッキード化の目論見

――マルコス疑惑については、第二のロッキード事件ではないかという見立てもあったようですね。

荒木　そうです。当時は、なにか出ると検察は確信していたみたいですね。ロッキードの商社も丸紅で、フィリピンも同じ丸紅だから当然なにかあると考えたようです。また、マルコス夫妻がフィリピンから持ち出したマルコス文書発覚の発端が86年3月の米下院議会ソラーズ小委員会（ロッキードは上院チャーチ委員会）だったという経緯も影響しているかもしれませんね。

――新聞が叩いたり、あるいは特捜が調べたりしたけれど、出てこなくて、最後はＪＩＣＡに注目した。思ったほど政治家のところにキックバックが行っていなかったということもあるでしょうか。

荒木　そこのところはみんなごまかされました。もう、間違いなく入っているんですよ。企業から政治家にも献金があるんです。でも、企業からはリベートとしては回さず、政治献金として回すので、形が変わってしまいます。企業は、あるプロジェクトのリベートはこれですなんて、そういうことはしません。企業からすれば、通常の政治献金をやっていますということになります。

――当時の商法改正なども関係してくるのでしょうか。

荒木　それは関係ないですね。そうではなくて政治献金の方です。政治献金は、一口80万を限度にと言ってやってたでしょ。日本はそうやって回ってきましたが、警察に引っ張られるほどの、ちゃんとした証拠が集まるようなものはどこにもありませんでした。

当時、外務省経済協力局長に藤田公郎さんという方がいました。前にも少し触れましたが、その藤田さんが国会に呼ばれて、フィリピンへの日本の経済協力に関する「企業名簿を出せ」と言われたけれど、「それは出せません」と言って断ったんですね。「(名簿は)全部私たちの戦友です。彼らと一緒にやらなかったら援助はできない。それをみんなばらすわけにはいかない」と言って断ったんです。有名な話ですよ。戦友論です。まあ藤田さんは力があった、ということは言えますがね。彼は福田派に近い人です。実は私も福田さんを囲む幅広い親睦会のような福田会に入っていて、会合に行くといつも官僚で誰々、通産省何某というように、みんなきていましたから、ほぼ分かります。

――それでは福田さんとイメルダ夫人は近かったということはありますか。

荒木　いや、それは関係ありません。フィリピンは珍しい状態とも言えます。もちろん丸紅あたりはしょっちゅう話題として出てきましたが、これといった証拠はなく、大きな事件は過去に起きていないんです。そう、利権が完全にばらけていました。あちこちばらけてやっていて、しかも政治家も賢くて、政治家が直接とりに行くのではなく、企業経由でとっていました。企業の政治献金レベルで取っているので、政治家は行かないのです。前にもお話しましたが、インドネシアは集金に行っていたんですよ。政治家の秘書が直接行って、ボストンバッグにガッとドルを詰め込んで、持って帰ってきていました。

――どうしてそういう違いがあったのでしょうか。

荒木　これは歴史が違うということがあるかもしれません。フィリピンはある程度アメリカナイズ、モダン化されているところがありました。アメリカ流の政治献金というか、政治のお金の流れ方も、そういう流れ方で企業を通してやっていた。一方、インドネシアは非常に独特で、日本の土建屋的な感じがありました。インドネシアにそのくせをつけさせたのは、賠償時代だと思います。賠償時代、インドネシアは日本のやり方を仕入れたわけですね。

フィリピンについて、特捜が狙いを定めていたのは農水省なんです。ミッチーも関係していましたが、農水省あたりから、外務省を引っ張ろうということで、しきりに狙っていました。

ただ、なかなか裏がとれないようでした。申し上げたように、フィリピン関係からは証拠が挙がらないわけです。企業の方もガードが堅いし、「政治献金です」と言えばそれで終わってしまいます。具体的なワイロ事件というのはないわけです。コンサルタントが入ってとかそういう話もないですね。まったくなにもなかったといった状態で、結局空振りでした。国会の捜査権でもやったんですが、結局、いくらプッシュしてもダメでした。出てこないけれど、とっかかりが絶対に必要なんで、どこかに突破口がないか探っていたら、ちょうどＪＩＣＡで事件が起きて、これを突破口にして一気に展開しようとしたんですね。30万とか50万以下の話だったけれど、職員を捕まえました。それで引っ張っていって、コンサルタントもかんでいたのでそこを攻めようとしたけれど、これも出てこないわけです。だから証拠不十分で完全にこの問題は流れました。

――結局、疑惑という名前だけが残ったわけですね。

荒木　私はそのとき、やってもダメですよって言いました。相手の国への捜査権はないですから。それはもう相手の国がバーンと、鉄壁の守りをやったら、なにも出てこないですよね。しかもフィリピンは当時独裁の時代でしたから。

――そのあと、フィリピンでは政変が起きて政権交代したので、カウンターパートもいなくなったわけですね。

荒木　もうばらばらで全部散ってしまったんです。それからもう一つは大御所のイメルダが握っていたので、そこの証拠をとらないとなにも出てこないんです。本当の書類というか、ある種の献金書類は、全部あるはずです。でもそれは全部、もう消滅させたでしょうからね。

――アキノ政権でマルコス政権の不正蓄財を暴く委員会ができたとき、委員会はアメリカからも資料をとり寄せてやろうとしました。こうした動きと特捜とはまったく関係ないということでしょうか。

荒木　それでも出てこなかったということですね。取材で参考になったのはアメリカの資料でした。インドネシアでもそうですよ。アメリカから出てくる資料の方がおもしろかったです。アメリカの会計検査院は徹底してますよ。彼らは関係する相手国の中にも平気で堂々と入っていくんです。

会計検査院が狙いを付けたのは武器に関連する汚職で、その流れを断つというのが主な目的でした。これはある種の軍事援助ですよね。これはインドネシアで相当やられたんです。ただ、フィリピンではほとんど証拠がなくなっていました。新政権ができても、なにも残ってない。イメルダの靴が出てくるくらいなものでした。靴とか洋服が出てきて、すごいなということはありましたが、あとなにも出てこなかったわけですね。あれは見事なもので、まったく不発に終わりました。

日本のメディアも関係者も、とくに特捜あたりは第二のロッキードを狙ったんです。これは、中曽根首相を引っ張れると思ったのではないでしょうか。田中と中曽根をつぶしてしまえば、日本の保守本流は、おかしくなるという前提です。だから、自民党の中も含めて、反田中派の国会議員は特捜を注目したわけですよ。その辺のところはおもしろい関係ですね。

第4章

ＯＤＡの終焉から新しい国際協力へ

［1］第一次ＯＤＡ大綱

冷戦終結と湾岸戦争から改革の機運

――荒木さんは「21世紀に向けてのＯＤＡ改革懇談会」（１９９７年4月）をはじめ、ＯＤＡ改革に関する有識者会議や委員会に数多くかかわってこられました。その話に入る前に、そもそもなぜＯＤＡ改革が俎上に上ってきたのか、また改革の機運はどのようにして生まれたのか、そのあたりをどのようにご覧になっていましたか。

荒木　やはり１９９０年の湾岸危機に始まって翌年の戦争というのが、一つの大きな要素としてあります。湾岸戦争のときに日本は１３０億ドルという巨費を出したわけですが、それは軍事費なのか、資金援助なのかということが国会で大問題になりました。海部俊樹さんが首相の時代です。それで結局、ＯＤＡの方ではそれはカウントせず、ＯＤＡは別途、紛争周辺国への支援という形で、中東地域の国々に援助しましょうということになりました。しかし、ＯＤＡなのかＯ

ＤＡでないのかさっぱり分からないという野党からの反発もあり、これが契機になって、ＯＤＡ大綱をつくるということになったのです。

　というのもＯＤＡにはなにか基準があるのか、いや、なにもありませんということになって、少し規範をつくっておかないとまずいのではということになったわけです。それで湾岸戦争が終わった後に第一次のＯＤＡ大綱をつくるという運びになったのです。ただこのときの議論のポイントは、専ら軍事か非軍事かという話で、援助そのものについてなにか深く議論したという覚えはありません。もっとも私はそのときの議論に有識者会議のメンバーとしては関係していなくて、議論を取材するという立場でした。いろいろ取材をしましたけれども、外から見ていたかぎり、議論は今お話ししたような状態でした。

――このときの大蔵省と外務省、それぞれの反応はどうだったのでしょうか。

荒木　その前段として、ＯＤＡの改革機運の盛り上がりには、冷戦終結（１９８９年）という要素が大変に大きかったと思います。そして間もなく、今お話しした湾岸戦争が起きるわけですが、冷戦が終わってからというもの、アメリカは重要な外交手段としての援助から、もう降りたということになってしまったんです。アメリカとしては戦略的にやってきた援助ですから。つまり、冷戦構造というものがあって、東西の対決を有利に展開するために南の途上国を西側の方に引っ張り込んでいく、そのために援助を使っていくのだという考えです。

冷戦時代の南北問題は言ってみれば、アメリカ政府が議会で援助について説明するときの理屈です。そして議会もそれだったらいいだろうということで、アメリカは援助をやってきました。しかし冷戦崩壊でそういう根拠が薄れてしまったということです。そして、そのような世界戦略は消え去り、アメリカがトップを切る形で、各国が予算を減らし、ＯＤＡが対外援助の世界から初めて大幅に撤退するという時代を迎えるわけです。

しかし日本にとってはこれが非常に微妙でした。なんとなれば、外務省は世界を相手に国際外交を展開しているから、大蔵省とは違います。冷戦後も日本としての外交を展開しなければならないので、重要な外交手段としての援助からもう降りたというわけにはいきません。途上国を味方につけていかなければならないという役割がある。だけど大蔵省は……。

――もうこれでいいと？

荒木　いや、大蔵省の場合は、援助はアメリカとのつき合い、アメリカに突き上げられてやってきたのだという立場です。実際、その通りなのですよ。したがって日本はアメリカに突き上げられてやってきたのに、アメリカが援助から手を引いた後も、まだ、これ以上つき合うのですかということです。これについては『国際開発ジャーナル』（１９９6年2月号）でも「どこへ行く途上国援助」と題して社説を書きました。

アメリカの援助は実際、このあたりから、本当に見事に下降線をたどっていきました（付表２

を参照）。これが冷戦後の一つの大きな出来事としてあります。それまでの日本の対外援助というのは、極端に言えば対米外交の一環としてやってきたと言っても過言ではない。ですから、おつき合いということです。そしてお前（日本）はアジアにおいてちゃんと経済援助をやり、各国が社会主義にならないように手当てをせよと。軍事的な手当ては我々アメリカがやると。日米は分担作業をやってきたわけです。

――ここまでのお話から言えることは、１９９０年代は二つ大きな契機があった。冷戦終結によりアメリカが援助から手を引いていく中で対米政策としての援助の見直しを迫られたというのが一つ、もう一つは湾岸戦争ということですね。

荒木　湾岸戦争でお金の出し方をめぐって、軍事か非軍事かという議論が表に出てきた。ですから「第一次ＯＤＡ大綱」はＯＤＡを軍事目的には使わないということを明確にするための大綱と考えてよいかもしれません。大綱には四つの原則の一つとして「軍事目的用途の回避」と書かれています。その意味で「第二次ＯＤＡ大綱」（２００３年８月）の動機とは性格が極めて違うものだと思います。第二次になると、今度は本腰を入れて日本の援助のこれからの方針というものを考える。我が国として援助はどうあるべきか、ということが議論されてきたということですね。

80年代半ばから始まっていた改革の議論

荒木　しかし遡ると、こうした議論は冷戦崩壊の前、１９８０年代半ば頃から始まっていました。援助も本当は国民のコンセンサスを得なければならないのに、国会でも議論にならなくて、勝手にやっている。これは一体、なんだと。いろいろあったんです。例えば、野党が自民党はいつも隠れたところでやっていると言って批判していました。だから、議論を表面に出そうということになりました。

それから問題になったのが役所の構造です。援助の流れを国民に分かってもらうようにするためには行政を一本化して、要するに、援助庁とか援助省をつくったらいいのではないかという議論が、当時の社会党からも出てきました。

ではその議論を誰がまとめるのかという話になって、結局、外務省にまとめ役が落ち着くまでに、議論が1、2年くらいは続いたでしょうか。80年代のこのような議論の後、野党が「国際開発協力基本法案」を出してきました（93年7月）。最初は社会党案だったんですよ。原案をつくったのは開発学で有名な早稲田大学の西川潤教授のグループです。

――その一方で、１９９０年には大来佐武郎さん（放送文化基金理事長＝当時）と、当時、上智大学外国語学部長だった緒方貞子さんが「国際協力ビジョン研究会」をつくっています。緒方さんはその後、国連難民高等弁務官事務所（ＵＮＨＣＲ）のトップを経て国際協力機構（ＪＩＣＡ）理事長になられましたが、この研究会と野党の法案とは関係がありますか。

荒木　関係ないですね。私は研究会の事務局長をやっていましたが、これはどちらかというと、対外援助専門家グループの世界です。海外コンサルティング企業協会というのがあって、そこが事務局をやっていました。ただし、おおもとは今の国際開発センター（ＩＤＣＪ）の流れかもしれない。河合三良《かわいさぶろう》さん（同センター会長）たちのずっと前です。大来先生がつくったわけです。そういう流れがあってですね。

――国際協力ビジョン研究会をつくる契機になったのはなんだったのでしょうか。湾岸戦争と関係がありますか。

荒木　関係ないんですよ。社会党の国際開発協力基本法案に対して、ビジョン研究会は、どういう形で援助を進めていくかということを政府はやっぱり考えるべきじゃないかということで、民間の有志で政府を突き上げるためにつくった。もっと言えば、ＯＤＡを主導して援助を進めていた外務省を突き上げるためにつくったということです。

ビジョン研究会で記憶に残っている人では山口仁秋《やまぐちひとあき》という、海外コンサルティング企業協会の初代専務理事で、どちらかというと通産派の人がいました。お金の方は政府に一切関係なく、民間レベルでやりました。そういう意味では政府の関係者、現役は入っていなかったですね。だから記憶では、元世銀とか国際機関にいた経験者とか、ＯＥＣＤ（経済協力開発機構）やＤＡＣ（開発援助委員会）などに出向で行った人たちが入っていたように思います。後にそういう人たちは学者になっています。大学に移っているんです。

したがって、ビジョン研究会の議論としては、国際的に、例えばＵＳＡＩＤ（アメリカ国際開発局）の仕組みとか、イギリスの援助機関の仕組みなどについて、それらを分かっている人たちも含めて、話し合いながら、日本としてはこういう仕組みでやったらいいんじゃないかという議論だったと思います。ビジョンといっても、援助の大きな方向性を示すビジョンというよりも、どうやって行政的に援助をやるか、その仕組みはどうあるべきか、それから援助のビジョンをどう具体化し、政策化して、どういうふうな形で下へ降ろしていくのかという、政策の大枠と実施のところの流れをきちんとしよう、責任も明確にしよう、そういう議論だったような気がします。言ってみれば組織論です。

――荒木さんは野党が提出した国際開発協力基本法案に対する疑問を、『国際開発ジャーナル』で3回にわたり連載されています。その中で国際協力ビジョン研究会がＯＤＡの指令中枢組織、コマンドセンターの設置を提言したと書いていらっしゃいます。

荒木　おっしゃるとおりです。ビジョン研究会では「援助情報の集中一元化、総合的な監督機能、人材の総合的確保と教育などを備えたＯＤＡの指令中枢組織（コマンドセンター）」の設置を提言しました。それは研究会でずっと話題にし、議題になっていたことです。いつもそうでした。そしてコマンドセンターを設置するということは、いかにも外務省がコマンドになっていないということを問わず語りしていることでもありました。

――アメリカのＵＳＡＩＤとかカナダのＣＩＤＡ（カナダ国際開発庁）などが、ある程度念頭にあったのでしょうか。

荒木　カナダのＣＩＤＡとか、イギリスの機関（国際開発庁やクラウン・エージェンツ）とか、外国ではこうなっていますよということを紹介しました。でも日本は、今もそうですが、新しい役所はつくりたくなかったんです。ビジョン研究会の提言では、コマンドセンターを設置する可能性として、三つのシナリオを提示しました。シナリオ１が独立官庁の援助省をつくる。シナリオ２が総理府の外局、３番目が外務省の外局というものでした。総理府の外局が一番高いプライオリティーでした。

――14省庁を全部入れるというと、これはもう本当に官僚組織ですね。

荒木　はい。そういうことです。そのときはまだ民間の例えばＮＧＯとかＮＰＯとか、そういう人たちがほとんど登場していない時代です。

コラム７

第一次と第二次ＯＤＡ大綱

１９７２年の世界食糧危機や１９７３年の石油危機と並んで、日本の経済協力（援助）政策に根本的な影響を与えたのが、１９９１年１月の湾岸戦争の勃発とアメリカを中心とする多国籍軍への日本の１３０億ドルに及ぶ巨額の拠出であった。このとき、日本の国際協力は金銭の拠出だけですむのかという批判が国内外で起こり、同時に、日本の国際協力に対する基本理念を問う議論が出てきた。なお、コラム３でも示したように、湊徹郎は、１９７３年６月の「わが国対外経済協力の現状と課題」という提言の中で、「対外援助基本方針」の策定の必要性をつとに強調していたが、彼の提言はその後も実現していなかった。

湾岸戦争を契機とする国内外の批判を受けて、１９９１年４月に日本政府は、援助受取国について、①軍事支出の推移、②大量破壊兵器の開発と製造の現況、③武器の輸出入の動向、④民主化と基本的人権の実態の４点について十分注意を払うという「ＯＤＡ四指針」を発表する。そしてこれを前提に、翌１９９２年６月に、四つの原則と五つの重点課題を盛り込んだ「ＯＤＡ大綱」（第一次）を正式に策定した。四つの原則とは、①環境と開発の両立、②軍事的用途及び国際紛争助長へのＯＤＡ使用の回避、③国際平和と安定の維持・強化、④開発途上国の民主化の促進や市場志向経済の導入の支援等である。また、アジアを重点地域に指定し、重点課題を列挙した。具体的には、（イ）環境など地球的規模の問題への取り組み、（ロ）基礎生活分野（ＢＨＮ）への支援、（ハ）援助対象国による自助努力の基礎となる人材の育成、（ニ）インフラストラクチャーの整備、（ホ）累積債務問題の解決に向けた支援の五つである。

このあと、１９９７年４月に発足した「21世紀に向けてのＯＤＡ改革懇談会」の最終報告書の提出、２０００年の国連ミレニアム開発目標（ＭＤＧｓ）の採択、２００２年の第二次ＯＤＡ改革懇談会での議論の結果を受けて、２００３年８月には、「第二次ＯＤＡ大綱」を策定した。新大綱は五つの基本方針、四つの重点課題、援助政策の実施体制の三つからなる。「第一次ＯＤＡ大綱」との違いは、ＯＤＡの基本方針を初めて明確に示したこと、援助の実施体制について踏み込んだ検討を行った点にある。このうち基本方針は、①開発途上国の自助努力支援、②人間の安全保障の重視、③公平性の確保、④日本の経験と知見の活用、⑤国際社会における協調と連携の推進の五つであり、重点課題は（イ）貧困削減、（ロ）持続的成長の実現、（ハ）地球的規模の問題への取り組み、（ニ）国際平和の構築であった。また、援助体制として、一貫した援助政策の立案や効果的な政策立案のための評価体制構築の必要性と共に、ＮＧＯ・ＮＰＯをはじめ、国民の幅広い参加を訴えた点も新たな特徴である。

野党の方が先行した国際開発協力法案

――そうすると、ＯＤＡ改革に関しては、野党の方が先行していた形になりますか。

荒木　そうです。援助省をつくるという面では野党が先行しているんです。自民党はどちらかというと外務省任せなんですよね。新たな組織をつくると屋上屋を重ねるということであまりやりたくないんですね。その前後で私もいろいろ議論に加わりましたけれども、結局、外務省の案は、経済協力局を外局化するというものです。つまり、経済協力局を外に出して、それを援助庁にするといったようなことを言ったものだから、各省が蜂の巣をつついたみたいになりました。みな反対なのです。それはもう死にもの狂いで反対しましたよ。とにかく各省は外務省が牛耳るような援助庁創設には激しく反対した。少なくとも経産省と財務省はＯＤＡの三省体制のバランスの壊れることを懸念していた。霞が関の不思議なバランス感覚が働いているわけですね。

それで今度は援助省をつくって全省参加させようとしたら、それでは統一がとれなくなるということでダメ。また長官は誰にするとか、ポスト争いや各省の思惑も入り乱れて、これもまたダメになったんです。だから、どのみち援助を統括する省とか庁は全省的にはつくれないということです。そういう司令塔というのがやはり常時必要だとなり、では誰が司令塔になるんだということになった。もちろん内閣が司令塔にならなければならないけれども、全大臣が集まっていちいちやっても大変だということで、ずっと後になってですが、安倍首相が官房副長官時代にＯＤＡ総合戦略会議ができました。それまではもう乱れに乱れましたが。

あるとき、内閣府へ行った際に、官邸で官房副長官だったかな、いろいろ話をして文句を言ったことがあるんですよ。そうしたら向こうが、「あなた、自分で書いているじゃない。三角形のてっぺんが司令塔で、次の層が役所でと、あなたが書いていたことを私たちはやっているんですよ」と逆にやられてしまいました。確かにそれは私が最初に言っていたことです。司令塔というのは、三角形があって、てっぺんの層が司令塔で、それから次の層が役所、その次の層が実施機関であるＪＩＣＡ、その次がそれを支える現場のコンサルタントや商社などがあって、それからそのほかはタックスペイヤーであると。自分で書いていながら忘れてしまって、「それ、やっていますよ」と私が書いたものを見せられて、びっくりしてしまったということがありました。

コマンドセンターの話は小泉内閣のときで、官房長官だった安倍さんが任されて、そのための私的懇談会「海外経済協力に関する検討会」をつくったんです。当時、ＪＩＣＡ理事長だった緒方さんもしょっちゅう官邸に呼ばれていましたよ。そのときはまさにコマンドセンターの話なんです。結局、外務大臣、財務大臣、それから経産大臣の3省の大臣が中核になって、総理大臣がいないときは官房長官が総理大臣代行をやるということで、重要な議論を年間に4回ぐらいやっていましたね。

議論は国策に関することが多かったので、政策レベルの話では、経済絡みの経済協力の話が多かったと思います。それを今度は各省に割り振って落とすわけです。そのうえで３省の大臣が話しながら、じゃあこの分は私がやりましょうとブレークダウンして、降りていくと、ＪＥＴＲＯに行ったりＪＩＣＡに行ったりと、なるわけです。ビジネス関係のときには経産省が担当する。そういう流れだったんです。

今は省に降ろすということはなくて、少々いびつな形ですが、インフラ輸出に関しては官邸が直轄している。役所の優秀な人材を出向させ官邸に事実上司令塔をつくったんですね。そこでインフラを中心にしてやろうと言って、インフラ２省というか、国土交通省、経産省と外務省が入ってやっているわけです。例えばインドネシアの高速鉄道を見ても、完全に官邸主導で動いていますから。和泉洋人さんという首相補佐官が１人で仕切っているけれど、頭もいいですよ、彼は。

国会で議論がなかったＯＤＡ・援助論

荒木　振り返ってみれば、国際協力とかＯＤＡとか援助について、日本ではあまりに国会の議論がなかったわけですよ。世界では東西冷戦時代だって議論をしていますよ。やはり外交の重要な、一つの手段ですから、議論を各国でやっているわけです。

イギリスの場合は植民地の旧宗主国ですから、国益として国際協力の議論をやっている。それに対して、日本の国会ではなんの議論もないんです。ひどい話が賠償の議論だってなかったぐらいですから。

それで当時は海外経済協力基金（ＯＥＣＦ）の３代目総裁だった大来先生が、１９７７年に参議院全国区に立候補したわけです。あいつはああいうことが好き、派手なことが好きな男だとか、いろいろ悪口をたたかれたけれども、本当はわれわれ関係者がみんな集まって、中国大陸で経済開発計画をやっていた人たちも含めて、やっぱり国会で議論をやろうよ、このままでは日本はダメだという議論になって、それで大来先生を持ち上げて、議員になってもらって、参議院でちゃんと議論を、良識の府ですので、政策の議論をやってもらおうということで担いだのです。

選挙は7月10日でしたが、大来先生はその年の3月に経済協力基金総裁を退任しました。ちょうど任期が終わるところだったのと、なにかやるなら今だという気持ちもあったのではないでしょうか。それと、大来先生が新自由クラブから立候補したのは一つの手段で、われわれの読みは、いずれは自民党に包括されるという前提だったんですよ。けれども自民党に戻ったら、自民党には政策立案能力はないし、またダメになるという話があって、どうしても新自由クラブでいこうという話になって、官僚、経済企画庁関係も含めて、政策立案をやっていた人たちがきちんとした政策提案をやって、それを自民党に実行させることを目指したわけです。

それを考えたのは日本経済新聞社長の圓城寺《えんじょうじ》次郎《じろう》さんですよ。日本経済新聞では彼が大来先生のスポンサーでしたから。それで初代の日本経済研究センター理事長にもなったんです。圓城寺さんはかなりの国際派で、「大来先生、もう日本なんかにいたらダメですよ」と言っていて、お金出しますから、どんどん海外に行って、外国の国際会議とかに参加して下さいとみずからが大来先生を叱咤激励していたぐらいです。もちろん日経のネタとりというのもあったでしょうけれども。ですから海外経済協力基金の職員は、うちの総裁はいつもいなくて、決裁判を押す人がいないので事務的に困るとよく言っていました。確かにいないんですね、しょっちゅう（笑）。

――国会で賠償を含めて援助についての議論が全然なかったという点についてですが、なんで議論がなかったのか、またその背景について、どのようにご覧になっていましたか。

荒木　賠償の使われ方についての議論はありましたけれども、そもそも賠償政策についての議論はないし、日本の経済協力政策一般についても質問がないということなんです。この分野が政策に入ると思っていないのではないか。つまり、アジア政策だったらいいけれども、援助政策はアジア政策を遂行する手段にすぎない。だから、国会で手段は議論しないと。おそらくそういう位置付けではなかったかと思います。

――援助は手段であって政策ではない？

荒木　そういうことです。援助が目指すところの理念は、これはまさに政策です。けれども援助そのものについての議論はしない。

例えば世界に孤立しない日本というものを実現していく。それから国連で有利な立場を確保するとか、そのために例えば国連での1票を獲得することを大切にするとか。それから、アメリカとの関係があるから、日米で手を組んで国際社会でいろんな議論をしていかなければいけないというようなことはトップレベルの政策であって、そもそも議論するものではないと。ですから、JICAの総裁は、初代の法眼晋作さんから2代、3代までが外務省の事務次官出身者なんです。そういう次官クラスが総裁に来ても、実施機関だから国会に呼ばれなかったんだろうと思います。そこのところは意外と明快なんです。

要するに、国会で聞くならば外務大臣に聞くと。外務大臣にASEAN政策はどうなっているのかと。だけど実際にはASEANという言葉も出ないんですよ。

アジア重視と福田ドクトリン

荒木　ところがASEAN政策、ASEANという言葉で、ASEANを支援すべきだと国会で演説をぶった政治家がいます。福田赳夫さんです。福田さんには大蔵大臣のときにインタビューしたことがあります。おもしろいのは、そのときに語った内容があの「心と心」、福田ドクトリンの話なんです。福田さんは76年に首相になると翌年8月東南アジア歴訪に出かけ、最後の訪問地であるマニラでスピーチをする。それが福田ドクトリンです。

その内容が今見ると、それよりも8年以上前の大蔵大臣のときのインタビューの際の話とほぼ同じだから驚きです。政策原型がもうちゃんとできているんです。僕はまだ駆け出し記者の頃で、「私の発言」という欄でインタビューをし、記事にする大役を仰せつかりました。掲載は1969年6月20日です。当時『国際開発ジャーナル』はまだタブロイド新聞で月2回の発行だったんです。記事のタイトルは「援助増大は当然　―許されぬマイホーム主義―」ですよ。福田さんはやはり信念の人だったと思いますね。

しかも福田ドクトリンはそれで終わりにはならなかった。福田さんの次の大平正芳さんが打ち出した環太平洋連帯構想もこれがベースにあって、文化のところで心と心を繰り返しているし、安倍晋三さんにしても東南アジア外交の方針を出したとき心と心を謳っているというわけで、みんなこの福田ドクトリンに戻っています。福田さんはすごい政治感覚だと思う。政治家として、アジアを大切にしなきゃいかんということが福田さんの頭にあったのではないかと思う、すごくね。昔のインタビュー記事ですが、改めて読んでいて興奮しましたよ。実は、そのときのインタビュー記事を、近く息子さんの福田康夫元首相に渡すことになっています。康夫さんはインドネシア協会の会長をやっていてＡＳＥＡＮとも関係が深いですから。

実は92年の第一次ＯＤＡ大綱のときに初めてアジアが重点地域に指定されています（コラム７を参照）。五つの重点課題というのがあって、地球的規模の問題への取り組みというのもその一つですが、アジアはその重点課題を実施する重点地域という位置付けでした。

―― それまではアジアを必ずしも意識していなくて、開発途上国と言っていたのが、ここでなぜアジアが重点地域として入ってきたのでしょうか。

荒木　実はＯＤＡ大綱にアジアを入れることにこだわったのは僕で、それは２００２年の外務大臣諮問会議で「ＯＤＡ総合戦略会議」のときです。もう強力にやりました。それは世界だ、世界だと言う前に、まず足元の日本の安全保障にとって一番大切なアジア政策をきちんと確立しなければいけないということで、アジアに対する援助をもっと重点的に強化しなければいけないと思ったからです。

そもそもなぜ僕がアジアを押したかというと、切っ掛けとして、やはり僕が最初に追いかけたのがアジアの賠償だったということがあります。インドネシアや中国が相手で、そこには中国共産党の影響力やベトナム戦争もあった。賠償は大きく言えば、日本の安全保障上重要なことだったんです。アジアが、良い時代も悪い時代も含めて日本にとって重要だった。

それから、なんと言ってもＡＳＥＡＮです。ＡＳＥＡＮについてもやはり援助を拡充していかなければならないと考えました。当時、ＡＳＥＡＮという枠組みで捉える意識というのは、一般の人々にはまだありません。日本でも、外務省はどちらかというと国別援助の志向なんですよ。要するに、外交はバイラテラル（二国間）でやっていく。外交とはバイだという考えです。そういう原理原則があって、マルチの思想という外交戦略などはほとんどないんです。ＡＳＥＡＮに対してもマルチの発想がないわけです。ＡＳＥＡＮ加盟国のそれぞれには大使を置いているけれど、それとは別に独立したＡＳＥＡＮ大使というものをつくってＡＳＥＡＮ事務局のあるインドネシアのジャカルタに駐在するようになったのは、ようやく２０１１年のことで、最近のことですから。

ですから、我々はＡＳＥＡＮ外交と言ってなんの疑問も持たずに、ああ、そうだと言っているけれども、実態はＡＳＥＡＮではなく、加盟している各国との外交なんですよね。

それで困ったことも起こりました。ＳＥＥＤ－Ｎｅｔという、タイのチュラーロンコン大学をベースにしてＡＵＮ／ＳＥＥＤ－Ｎｅｔ（ＡＳＥＡＮ工学系高等教育ネットワーク）というのをやるときのことです。これは工科系の学生を教える先生の教育を拡充していこうという戦略のＯＤＡプロジェクトで、タイやインドネシアなどで起きたアジア通貨危機（１９９７年）の後にできた仕組みですが、外務省はこれをタイに対する二国間援助にしようとしたんです。

しかしこのプロジェクトは、本来はＡＳＥＡＮ10カ国が分担してやらなければならない話です。

そのために各国に日本がそれぞれ援助して、それを持ち寄って一つのＡＳＥＡＮプロジェクトにしようという発想だったんです。ところが、外務省はパッケージでやるのが大嫌いですから、タイに対して援助を余分にあげるから、その資金でタイがやったことにしなさいと。なにかわけの分からない考え方ですし、まったくバイラテラルの発想ですから困りました。

―― ＳＥＥＤ－Ｎｅｔの関係者の間でもこれではダメだという意見が出ていました。全体でやらないといけないから、国別の枠とは別にもう一つ設けてほしいと頼んでも、バイでないとダメの一点張りでした。

荒木　ようやく3、4年前に外務省、ＪＩＣＡの中にＳＥＥＤ－Ｎｅｔ委員会というのができて、私も参加しました。いろいろな先生方も入って議論をし、やっと国を超えてできるようになりました。ＳＥＥＤ－Ｎｅｔに関する予算を、その国にそれぞれ付け、そのうえでそこから支出してもらうということになったんです。

日本・ASEAN・アメリカのネットワーク

―― 荒木さんのアジア重視には、やはり大来さんの影響がありますか。

荒木　そうですね。大来先生とアジアの関係でおもしろいのは、僕、ずっと記録をとっていますが、アメリカへ行く前は、必ず東南アジアを回っているということです。まず東南アジアのトップの人たちと会って、アメリカのアジア政策について、いろいろ議論をする。ちょっと意外だけれど、そこでの話題は日本の政策というよりも、アメリカの政策の話なんですよ。それで、帰ってくるとその話をするから、日本の経済界も政界もそこに関心持ったわけなんだけれど、大来先生はその上で、それを持ってワシントンへ行くんです。

　つまり、大来先生は東南アジアの指導者たちとアメリカのアジア政策について話し、その話を今度は日本の財界や政界と話して、それを持ってアメリカへ行く。ワシントンでその話をすると、ワシントンは自分たちがやっている政策に対して、フィードバックがあまりないと考えている。そこへ大来先生は、東南アジアのトップたちと交わしてきた生々しい話題を出して、実はあなたたちそう言っているけど、こういう不満があるよ、とやるわけです。アジアはアジアで、インドネシアのスハルト大統領なども含めてみんなワシントンの反応を知りたい。だから大来先生はアメリカから帰って、また東南アジアにもう一度行く。一巡してアメリカの考え方を伝えるわけですよ。政策的なメッセンジャーみたいなものですね。そして思うに、日本の政策をそこにどうかませていくかということを、考えていたわけですね。

　大来先生は独自の動きをしていた。東南アジアへ行ったときも、訪問先に大使を同席させないんですからね。外務大臣をやっていたときも、みんなぞろぞろ付いていくけれど、大来先生は通訳も入れずに自分で直接やっちゃうから、外務当局が、大来先生がなにを言っているか聞き取れない。それで、僕のところへ電話がきて、例えばあのときなにを言っていたんですかってことを聞くんですよ。

―― 大名行列のように鳴り物入りの外遊もどうかと思いますが、相手国によってはそういう大来流が通じない国もあったのではありませんか。

荒木　そうかもしれない。でも本人は通じていると思っているんです。おもしろいですよね。それと大来先生はワシントンとか、ニューヨークの国連筋とか、行くと、みんな関係者です。東南アジアでも、インドネシアは大来先生のことをよく知っていました。その度合いは国によって違うとは思いますが。外務大臣になっていろいろ動き始めたときも、インパクトを与えたと思います。

つまり、ワシントンのいろんな関係者と話をしながら、対アジア政策をヒアリングして、それを日本にだけ伝えていても仕方がない、アジアにそれを伝えて、反応をみながらアジア政策を日本で考えましょうと、そういうことになります。これ、得策ですよね。アジア重視と言いましたけれど、この日本、アメリカ、ASEANのネットワークというのが大事です。ところがその繋がりが今、完全に途絶えてしまっている。日米を取り持つ人材がいないし、政策レベルの太いネットワークがなくなってしまっている。だからアジア政策を多角的に考えられないのです。

――それは日本の側の問題でしょうか。

荒木　私はアジア政策をずっと見てきて、こう言えるのではないかと思う。つまり日本は政策がない、政策がないと言われるけれど、ワシントンの穴場のところを見据えながら、ちゃんと手は打つ。例えばタイの東部臨海地域開発への協力で世銀が反対しても後に引かない。実際に大来先生は海外経済協力基金総裁のときに、反対してもやったわけです。日本は世銀と対決したんですよ。それは日本と世銀との立ち位置の問題でしょうね。日本はタイを日本の安全保障という立ち位置で考える。世銀は開発資金の融資として対処し、返済の可能性しか視野にない。

ミャンマーもそうですよ。いまミャンマーに対して日本はものすごく援助していますが、アメリカのミャンマー封じ込め政策の時代には、初めから教育援助ですね。経済協力ではないので、アメリカも教育援助は認めていた。ＪＩＣＡが初めから静かに教育援助していた。本当に驚くべきことです。そして、今では、日本の専門家が教育省に入っているほどです。なにを指導しているかというと、小学校1年生から6年生までの教科書改訂のアドバイザーをやっている。日本流にやってくれとミャンマー側が言っているのです。でも私は、注文をつけて、あんまり日本流でやってあとになってまた反日運動が起こったらまずいから、そこは上手くやった方がいいよと助言しているんですけれどね。

カンボジアでは日本は法律整備支援を、民事訴訟法の起草やその普及プロジェクトを支援していますし、ラオスでも日本の支援で初めて民法典が２０１８年末にできています。こういう例は他にもまだまだあります。日本は実質的なところではいろいろとやっているんですよ。ただそれを世間にプレゼンテーションすることがあまり上手くない。アメリカの陰の下でやっているから。とくに軍事的なものを含めたパクスアメリカーナの大きな枠の中にあって、日本は発言できないようになっている。対米追従外交というのが、今になってみると僕はよく分かりますね。若いときは対米追従をものすごく批判していたんだけれど、そこには、なるほどというところもあるんですよ。その辺を含めて、日本が生き延びてきたところを、歴史をひもといて一度評価するべきでないかということを考えますね。

――　アジアとの関係を進めるうえで、荒木さんがなにか留意されたことはありますか。

荒木　そう、そこのところは、きちんと手続きを踏んで、相手の国と一緒になって、プロジェクトづくりをやるべきだっていうことがありますね。一つは、僕はタイで相当訓練されたわけです。１９７０年代初めのタイでは学生たちの反日運動が盛んで、たびたび取材で出張しました。で、バンコクで飲みに行くと、日本の当時の商社マンはあんまり柄がよくないんです。ぽーんと、札束でタイ人の頬っぺたを叩いているような感じでした。だから、こんなことやっていると、今に問題が起きるよって、僕はずいぶん言ったものでした。

それから、反日とともに資本主義と結託した軍事政権を倒すというのもタイの学生たちの目標でした。軍の弾圧で学生が70人以上亡くなった73年10月のデモではその場に居合わせたんです。チューラーロンコン大学の友だちも死んで、大声で泣きましたよ。あんな悲しい取材旅行はしたことがなかった。「マイペンライ（気にするな）」というタイ人の気質があれほどまでに激変するとは思いもしなかったことでした。あのときは若かった。相当、インパクトを受けたんですよね。

今も日本人の振る舞いはなかなか改まっていないですが、当時と比べれば、かなり良くなっています。当時は日の出の勢い。経団連でも企業を集めて、タイの文化とか考え方、それらについて投資する企業に前もって教える、タイの経済ではなくて、タイの文化・価値観を教える、そういう研究会をやるべきだと言ったんです。

経団連も度重なる反日運動でショックを受けて、「東南アジア文化講座」をつくったんです。東京外大でタイ研究をしている河部《かわべ》利夫《としお》先生には大変お世話になりました。タイに行ったら彼が全部仕切ってくれました。あの人がすごいと思ったのは、タイの華僑組織の中華総商会会長に会いたいと言ったら、組織のおやじに会わせてくれたんです。行ったときにびっくりしたのは、みんな周恩来に関する新聞記事を切り抜いている。しかも民族的誇りとか言っているんです。だから中国への見方というのは、タイの華僑の間でも、共産主義は別にして、一種の民族的な誇りとして受け止めているところがあるわけで、なんとも微妙です。

――それはフィリピンと違うところですね。

荒木　ぜんぜん違います。フィリピンも私にとっては古い付き合いの国ですが、もともと海洋民族でしたから、根っこがないんですよね、どうしても。それをスペインが植民地化したという話で、文化的なところは途中でカソリックにみんな摘み取られちゃったから、民族主義の話になってもぜんぜんかみ合わなくなってくる。表向きの経済問題といったようなものはいいんですよ。しかし根っこの文化論になってくると、そもそものものの考え方というところは希薄なんです。

――フィリピンは、３層が仮にあるとして、国民があって地域があって世界があると考えたときに、地域の発想がすごく弱く、国民の次が世界になっている。南シナ海の問題にしても、すぐ国際司法裁判所に行くし、国連に対するあこがれがものすごく強くて、地域というものがない。民族とかアジアという話になると、おっしゃるとおり、こうスカスカとなってしまう。

荒木　本来のナショナリズムが飛んでしまうんですね。ミンダナオに行って話をしているときに、そのことをいつも痛切に感じていました。ミンダナオには１９７０年代前半にアジア開発銀行（ＡＤＢ）広報部の招待でダム開発の取材に行ったのがきっかけです。以後、取材旅行は10回を超えています。ダバオ、ジェネラルサントス、サンボアンガを車で走破しました。ゲリラ対策でフィリピン国旗は隠し、日の丸と国連旗を立てて走りました。ゲリラの目から見たらダム開発は、キリスト教徒のマニラの資本家がミンダナオの貧しいイスラム教徒の土地を奪いに来ているように見えていたんではないですか。初めの頃は一種、宗教戦争のような様相でしたね。彼らにすれば、日本やＡＤＢは敵ではなく、反マニラ闘争だったと思います。

21世紀に向けてのＯＤＡ改革懇談会

――第一次ＯＤＡ大綱の後、１９９７月年4月に「21世紀に向けてのＯＤＡ改革懇談会」が発足します（コラム７も参照）。初めてのＯＤＡの改革懇談会ですが、荒木さんは経歴からいっても、メンバーに入られても少しもおかしくないどころか、当然だと思われるのに、入っていませんでした。

荒木　そうです。私は入っていません。今だからもう話しても構わないと思いますが、座長の河合三良さんとの関係があまり良くなかったのです。河合さんは元行政管理庁（現総務省）の事務次官ですが、ある日、新聞に退任記事が出て、それに目をつけた大来先生は、自分の後釜として彼を、当時国際開発センターの理事長にお願いした。ただＩＤＣＪの経営に問題があったこともあって、私は『国際開発ジャーナル』でクレームをつけたこともありました。それに私が入ると大来先生ともツーカーになるし、河合さんは自分が委員長ですから、私が委員になって引っ掻き回されると困ると思ったのではないかと思います。

――そうしますと、懇談会は誰のイニシアチブだったのですか。

荒木　河合さんたちがやっていたと思います。ただしそのベースになる研究会には、われわれも出ていた。その研究会から、なぜ懇談会のことが出てきたのかというと、それは改革の最初のターゲットがあって、実は最初の議論の対象はＪＩＣＡ改革だったんですよ。ＪＩＣＡの仕組みが機能別になっていて、国別になっていないわけです。例えば技術協力とか、海外青年協力隊とか、そういうように機能別になっていました。言ってみれば、研修事業とか派遣事業というのが各国ではこうなっていますとそれぞれの部がある。

でも、それはおかしい。まず国が先にあって、その中で研修や派遣事業といったことを考えていくのが道筋ではないか。研修事業部の中で国を考えるというのはおかしい、これでは本末転倒だ、こういう議論になったと思います。

それで国別の研究が、われわれはこれを別称、国別研究会と言っていたんですけれども、それぞれできました。もっとも当時は機能別の援助が一般的で、ＪＩＣＡだけでなく、外務省もある程度そうでした。外務省も資金協力課、技術協力課、無償資金協力課といったふうになっている。それで国はどうするのかといったら、アジア局などと連携するというのですね。でも実際は、連携なんかしていないんですよ、組織がみんな縦割りですから。でも本省をいじるとなると大変ですから、結局、実施機関で縦割りというか、国別縦割りの発想を持っていこうということにした。

これは河合さんたちが言い始めたことだと思います。

――外交は国別にやるという外務省の発想と、援助における機能別とがあった。アメリカだったら国別にしっかりと契約してやるのに、日本は専門家もいない。60年代からそのような議論はありましたが、ようやくここで国別研究を本気でやりましょうというのが出てきたわけですね。

荒木 そう、実に時間がかかりました。要するに、国別でやるというのは、悪くいうと国別ノウハウを持つ外務省の特権であると。だから、後の第二次のODA改革懇談会では国別研究会がありましたが、今だから言いますが、あのときの外務省は「私（外務省）は本当のもの（国別援助政策）を持っていますよ」と言うのです。われわれが研究会をやっているときにはなにも言わないで。そのとき言ってほしいですよ。だから役所はマル秘が好きだと言われてしまうのです。

――その後、国別研究会は外務省抜きで研究者だけになりました。

荒木 それは研究者は国別の研究についてのプロですし、外務省はノンプロですから。ともあれ当時はそれでようやく国別に考えていこうということになって、JICAの組織もある程度、国別縦割りを考えていこうということになりました。その後、海外経済協力基金（OECF）が日本輸出入銀行（輸銀）と一緒になり、国際協力銀行（JBIC）となって、さらにJICAに統合されました。

ところがＯＥＣＦでは、円借款は完璧に国別で行われていましたが、ＪＩＣＡの方は機能別になっていました。ですからＪＩＣＡでは広域のインフラ整備などの大動脈をつくっていくということができません。したがって円借款が先行して、交渉相手も国別で見ていて、インドネシアならインドネシアに入っている人間がＢＡＰＰＥＮＡＳ（国家開発計画庁）あたりと交渉しながらやっていくことになったのだと思います。ＪＩＣＡの方は専ら研修とか派遣とか開発調査とか、そういう機能しか持っていませんから。それで一緒になったのを機に国別が強化されたわけです。

――ＯＥＣＦが国別というのは昔からでしょうか。

荒木　最初からです。その中で一番パワーがあったのはインドネシア担当でした。インドネシア担当には、プロパーで入ってきて、上に行って上席になった人間がいるわけですね。ＯＥＣＦに最初に行ったときの話ですが、プロパーがいるかと聞いたら1年生がいますと言って、ようやく今年から入ったということでした。つまり1期生が入ってきたということでしょう。当時、部長たちは全部、各省から来ていました。いうなれば各省の寄せ集めで、大蔵省がいつも仕切っているというわけではないんです。

例えばそのときの調査部長は、今でも覚えているけれども、東京銀行からきていました。あそこは調査部があって、調査部のデータを見ると、マレーシアでもインドネシアでも国別にきちんと整理されていて、国別の道路、港湾、それから鉄道とか、そういうインフラも全部整理されていました。国の中でちゃんとやっていたんですね。国別に一つ一つ、インドネシアはこう、タイはこうというふうに、きちんとしたデータがあった。当然、インドネシア語、タイ語、それぞれの言葉で資料を読める人がいて、国別の援助を考える人材が揃っていたということです。円借款の場合は、やっぱりそれぞれの国の言葉が分かる人が必要だということだと思います。

国際協力銀行誕生の背景

――そうしますと、第二次ＯＤＡ大綱の策定に向けての議論と、今のお話にあったような、異なるＪＩＣＡとＪＢＩＣが最後に２００６年に統合していく流れ、つまり組織の見直しというのはどれぐらい重なり、関係し合っているのでしょうか。

荒木　二つは全然、関係ありません。ＯＤＡ大綱の策定は政策ビジョンですし、ＪＩＣＡとＪＢＩＣの統合は組織論ですから。そして、こちらは社会党が連立で政権に就いて、村山富市《むらやまとみいち》さんが首相になったときに、内閣があのどさくさの中でいろいろなことをやられたわけです。まあ、一番乱れに乱れたと言えば言えます。

日本輸出入銀行（輸銀）とＯＥＣＦを合体させ、国際協力銀行を誕生させるわけです。国際協力銀行法としての公布・施行は小渕政権になってからの１９９９年４月ですが、閣議決定したのは村山さんのとき（1995年3月）でした。統合のときの裏話というのは、やっぱり輸銀というものが時代遅れになってきていたということです。

実はアメリカでもそうで、時代とともにアメリカ輸銀はもう機能しなくなっていました。貿易促進はもはや国家がやるべきことではない、民間に任せるべきだということから、輸銀の役割はこれで終わりだろうと言われていたんですよ。ところが、大蔵省はやはり自分が育ててきた輸銀なので、人脈があるし、天下り先としても重要でした。また選挙のときは輸銀には膨大な内部留保があるんですかね。だから、財務省は強いんです。

例えば、新自由クラブ所属で東京から出た大蔵省出身者に選挙資金1億円ぐらいぱっと出してくるんですよ。なぜそんなことを知っているかと言うと、大来先生も参議院選の全国区に新自由クラブから立候補して一緒だったからです。僕は事務局長をやらされて、1億円つくるのにひいひい言いながら朝から苦労しているというのに。それで、その秘書に、「おまえのところ、金どうしているんだ」と聞くと、秘書が「いや、うちは大丈夫です」と。まったく馬鹿げた話ですが、それほど隠し金があったんです。世間が言うように、どこかにはあるんですね。輸銀はそれの宝庫だったんでしょうか。そして、それをもってすれば永田町だってコントロールできる。だから強いということになるのですかね。

――自民党は、輸銀に対してどこの派閥が強かったのですか。

荒木　大蔵派閥です。宮澤喜一元首相はとくに強かったかもしれない。宏池会は強かったですね。輸銀とＯＥＣＦの合体、あれは加藤紘一が画策したんですよ。

――でも加藤紘一は外務省出身です。

荒木　いや、外務省と言いますけれど、財務省が彼をうまく使っていました。あのときは内閣がガタガタだったから、そのどさくさに紛れて輸銀と海外経済協力基金との合体話を持ち込んだんですよ。われわれはどれだけ反対したか。私は徹底的に反対しました。というのも死に体を抱え込むようなものだからです。実際に私、『国際開発ジャーナル』（２００１年8月号）に「矛盾多き国際協力銀行」というタイトルで、この組織は死に体であると書いたんですよ。

合体して生まれた国際協力銀行自体が、輸銀を入れたために死に体になってしまったということです。記事にも国際協力銀行という名前を出して書きました。そうしたら、まあ、蜂の巣をついたような騒ぎになりました。うち（国際開発ジャーナル社）に秘書官が来て、理事が来て、何人も入れ替わりで来ましたよ。みな門前払いにしましたが。そうしたら最後は電話がかかってきました。篠沢恭助《しのざわきょうすけ》さんから、「今晩会いたい」って。そのときの国際協力銀行の総裁です。それで会いました。さんざん酒も飯も食ったけど、別に同調しなかったですから、ただ食いだったな、あれは（笑）。

――輸銀と基金が一緒になる一方、橋本龍太郎内閣では通産省も一つ減らしなさいということで、アジア経済研究所と日本貿易振興会（ＪＥＴＲＯ）が合体しました。

荒木　かわいそうに。なんでＪＥＴＲＯなのだと私は言いましたよ。ＪＥＴＲＯは日本の輸出振興を支援する機関です。アジア経済研究所はアジアを研究・調査する機関です。機能の面でまったく異なる組織です。いくら所管する役所（経産省）が同じだからといって、機械的に合体させるのはあまりにも無謀すぎる。基金と輸銀にしても、輸銀は民間ベースで、民間が借りに行くけれど、基金の方は円借款で、国家間の取引ですから。ただ、合体すると輸銀にすれば立場がぐっと上がります。国家間の銀行の中へ入り込んでいくわけですから、格上げになる。

海外経済協力基金は途上国へ資金協力を行うためにつくった銀行ですし、片や輸銀の方は日本の民間企業が海外進出するためにつくった銀行で、輸出促進ですから、役割が違います。基金の方は輸出とは言っていないわけですね。相手の国の経済を助ける、発展を助けると、目的が全然違うわけです。まったく違う目的のものが一緒になるわけですから、おかしいし、そんなばかな話はないんですよ。

輸銀ではなく海外経済協力基金とＪＩＣＡが一緒になるという話だったら分かるんです。方向性はどちらも途上国の方を向いているのですから。それを1回ひねくってひっくり返してしまって、輸銀と一緒になって……。あえて仲を裂いてというか、別れさせて、それで一番いい目をしたのは輸銀ですよね。だって、国際協力銀行という名前をもらって、総裁は海外に行ったら、大蔵大臣、外務大臣をはじめとして他のトップとは全部会えるんですから。

[2] 第二次ODA改革懇談会

国民参加論で国益論を押しやる

――次に2001年5月に渡辺利夫さん（拓殖大学学長）を座長に第二次ODA改革懇談会がつくられました（コラム7も参照）。これには荒木さんも14人のメンバーのお一人として参加されています。

荒木　そもそも第二次改革懇談会にはいくつか大事な面があると思いますが、一つはODA総合戦略会議の設置につながったということです。また第二次ODA大綱が出されましたし、国別援助計画を強化することや、国益というものをどう扱うかという問題もありました。ただし国益という表現は、ＯＤＡ改革の議論で最初からあったと思います。

第二次改革懇談会では、むしろ国益論はなるべくセーブしていこうというのが大きな流れであったと言えると思います（コラム８も参照）。第２回目の会合で、「ＯＤＡによって実現すべき国益は何か」が議題で取り上げられました。けれども、第３回目には「国民の参加と理解の増進」が議題となり、時代も時代ですし、日本の経済もまあそれなりによかったので、国民参加という考えの方が前に出てきました。これは第二次改革懇談会のキーワードではないでしょうか。つまり、国民参加というキーワードを使って、国益というより、国民がみんなで参加するということで、国益論を脇に押しやったというか、そんな感じはあったと思いますね。

今でも思っているのは、そのときそんなに国益論をやったわけではなくて、国益論はあることはあるのだけれど、それを少し緩めるために、やはり国民参加論というのをやっていくという方向にしたのだと思います。ですから最終報告でも国益という言葉はないんです。国民参加を中心概念とし、改革提言の柱の一つとして「国民の心、知力と活力を総結集したＯＤＡ」と謳っています。国民参加論は非常に概念的だけれども、そういう言葉で、国益を中心に議論しようとする人たちをある程度抑えてきたと言えると思います。

――国民参加という概念は、外務省の方の発想ではなくて、懇談会のメンバーの議論から出てきたのでしょうか。

荒木　ええ。私と池上清子《いけがみきよこ》さん（ジョイセフ企画開発部長＝当時）とか。もちろん渡辺さん（座長）も賛成しているし、それから浅沼信爾《あさぬましんじ》さん（一橋大学教授＝当時）とか、河合三良さん（国際開発センター会長＝当時）は、言うまでもなかったと思います。

――国益論を抑えたというのは、その話をすると、懇談会が割れてしまうからでしょうか。

荒木　そうです。国益という言葉にすごく敏感に反応する人が、当時はたくさんいました。私は別に市民派でもなんでもないですけれど、バランスをとっていきたいと思っていました。一種の妥協策でしょうが、議論では国益でも開かれた国益ならいいのではないかというような意見も出されました。小渕政権時の「21世紀日本の構想」懇談会の最終報告（２０００年）に「国民に開かれた国益」という表現があったんです。しかし国益は国益ですよ。河合さんは国益に対して大変なアレルギーがありました。ＮＧＯグループも反国益ですから嫌だったでしょうね。

ＯＤＡ総合戦略会議で国別援助計画を取り上げる際に、報告者（パキスタンやタイなど国別援助研究会の座長）が国益について話すと、国益を推進する側とそうでない側の両方から責め立てられてしまうこともありました。国益論をめぐって意見が分かれている印象は強かったでしょうね。結局、第二次ＯＤＡ改革懇談会の最終報告は、ＯＤＡを外交手段として有効に活用することは、日本の国益にとって今後とも引き続き重要としつつも、中心概念は「ＯＤＡへの国民参加」

であるとしたわけです。

懇談会メンバーはどのように選ぶか

――そこでおうかがいしたいのは、懇談会のメンバーは、どこの判断で決められるのか、大変気になるところです。荒木さんも最初の懇談会ではメンバーにならなかったという話が先にありましたし、第二次ＯＤＡ改革懇談会では座長の渡辺さんに相談して決めるのか、それとも外務省が大枠を決めるのでしょうか。

荒木　小島朋之《こじまともゆき》さん（慶應義塾大学総合政策学部学教授＝当時）は間違いなく渡辺利夫先生のご判断でしょう。私と、それからたぶん千野境子《ちのけいこ》さん（産経新聞社編集委員兼論説委員＝当時）もそうでしょう。渡辺先生が何人かを推薦するということだったと思います。

――こういう懇談会には大体マスコミが入りますね。

荒木　それはそうなんですが、政府批判ありきの発想は困るということが根底にあることはあります、間違いなく。それから日本経済新聞の小島明さん（日本経済新聞社常務取締役論説主幹＝当時）はなにかいろんなところに入っていましたよ。最初の改革懇談会からメンバーでした。

――渡辺先生と外務省が相談するし、お名前を出し合うというふうな折衷になるのでしょうか。

荒木　渡辺先生は自分の知っている人たちが同意されればそれでいいし、外務省もカードを持っているのでそこから名前を挙げてきて、渡辺委員長に言うと、まあいいんじゃないですかと。だから、最初に「渡辺委員長、どうしますか。委員長、選んでください」と外務省当局が言うわけです。私の場合は援助の専門家でやってきましたし、昔から渡辺先生とは朋友だったので、いかなる場合も、マル秘の話も含めてよく知っていますから、荒木さん、側にいてやってくださいと頼まれてきました。そういうこともあってずっとつき合ってきたわけです。

――第二次ＯＤＡ改革懇談会では実施体制の抜本的整備ということで、無償資金協力と技術協力と円借款の連携強化など、一貫性を確保すると言っていますが、組織的に一緒にしてしまうような議論はしていないですね。

荒木　そのような議論をした覚えはありません。一貫性の議論というのは、あくまでプロジェクトベースの話だと思います。プロジェクトを実施するときに基本政策から個別のプロジェクトの企画立案に至る、上流と下流というか、それをやはりもう少し秩序正しくやるべきで、一貫性がなければならないということです。言ってみれば、飛び入りはダメですよというのが、このときの議論の流れです。

この意味は分かるでしょう。バッジ（国会議員）が横から、飛び入りで案件を持って来てもダメですよということです。それを防止するためには上流から下流までちゃんとした流れをつくっておくことが大切になる。流れの中に入れば別だけど、ときどき入らなくてごり押しするケースがあるじゃないですか。そういうのを一応牽制するという意味もあったわけです。

つくられなかった国際協力人材開発センター

――第二次ＯＤＡ改革懇談会の最終報告で、国民参加を中心にするというところの「具体的な改革方策」として挙げられている「国際協力人材開発センター」はできませんでしたね。

荒木　国際協力人材開発センターはできなかったですね。最終報告の中では開発人材の発掘・育成ということで、開発教育を義務教育に取り込む云々という点は熱心に議論しました。そうでないと国民教育にならないということです。開発教育は国際協力への志を育む「孵化器」であると。ＯＤＡの思想、考え方は平和主義ですから、そういう国際主義、平和主義というものをやはり子供の頃から植え付けていくためには教育の中に埋め込むべきだというので、開発教育という、これは専門用語ですが、それを文科省の初等教育の中に入れ込んでいこうということでした。これは最近になってようやく実現してきたと思っています。あれから何十年もたってようやくですが。

報告書の後、名古屋大学や神戸大学、広島大学などいくつかの大学に国際協力研究科ができていきました。開発人材の発掘と教育、これはやはり大学院教育で行うことではないかということで、この中に入っているのです。大学生、大学院生を対象とした人材育成プログラムということで、途上国研修を科目の単位として認めるかどうかと、こうした議論もこの頃から始まっています。この辺は大学改革とか教育改革とも関係するので、大学とも熱心に議論しながら、ＯＤＡの思想というか、援助の思想というものを入れ込んでいこうとしました。援助の思想イコール平和主義であると、そういうコンセプトです。

――このときの人材をつくろうという発想と、現在の開発協力大綱とは随分違っています。今はあまり人材育成のことは言いませんね。

荒木　言わなくなりましたね。一つにはこの頃は、そういうベースがまだできていないということもあったのだと思います。懇談会では、とにかく朝から晩まで本当に人材のことばかり言っていましたよ。ですから、国際協力人材開発センターという発想も飛び出してきたんですけれどね。結局、これは新たにつくるというよりも、既存のものをうまく活用してやっていくべきだということに落ち着いたのだと思います。金がかかるし、新設はやめてくれということです。だから、教育の中のプロセス、文科省のプロセスとか大学教育の中に埋め込んでいったということでしょう。ところで最終報告の国民参加の次に書いているＯＤＡ総合戦略会議ですが、この総合戦略会議というキーワードも私が言ったことです。

――そうでしたか。荒木さんはどうしてその言葉を提起されたのでしょうか。

荒木　それは当時、ＧＲＩＰＳ（政策研究大学院大学）の教授、大野泉さん（２０１８年からＪＩＣＡ緒方研究所長）と、イギリスやドイツ、アメリカの援助の仕組みについて一緒に研究していたことが背景にあります。なぜなら向こうは援助行政がしっかりしているわけです。やはりイギリスはかつて植民地を支配していたので、旧宗主国としての流れがちゃんとあって、援助行政も行っているわけです。旧植民地が独立して独立国家になっても名前が変わっただけで、やり方は同じなんです。イギリスの海外開発庁（ＯＤＡ）あたりはそうですね。そこでこの総合戦略会議というキーワードとなるわけですが、もともとそれを言ったのは私と渡辺さんだったと思います。報告書には「戦略を持った重点的・効果的なＯＤＡ」とありますが、私が言ったのも、援助はやはり戦略的に考えるべきではないかということです。

国別援助戦略を内々で持っていた外務省

荒木　そしてそういう中で、国別援助を考えるべきではないか、国別援助戦略ということで国別援助政策というものを考えたいということも話しました。そのときには前の第一次ＯＤＡ改革懇談会の議論の様子も見ました。というのも第一次の最後に、日本としてどう臨むべきかとなって、国別援助政策を設けるべきではないかとの結論に至りました。そこで、ここはワンランク上げて、概論ではなく取り組むべき重点分野を具体的に絞り込んでやるべきではないかということになったわけです。

第二次ＯＤＡ改革懇談会では地域研究者がみな集まりました。ＯＤＡ関係者とアジアなど地域研究者が改めて一緒になって、各国別にＯＤＡ対象国としてはまだ新しかったモンゴルまでやりましたから、私に言わせれば画期的なことだったと思っています。

ところが外務省は内々で行政に必要な国別援助戦略を既に持っていたんです。実際に国別援助戦略の資料を見て、ビックリしましたよ。外務省はちゃんと考えているんだ、こちらはえらそうなことは言えないなと。なるほどと感激しましたが、でもこれは国別援助戦略があったからそれでいいという話ではなくて、国民への公開性というのが大事だと思うので、内々にしていたのは問題だったと思ったわけです。

地域別、国別に外務省の各局が持っているが、それはその時々の次官や局長たちが省内の会議で取り上げるものであって、公開するものではないということでしょう。そこには外交はどこまで公開するものなのかという問題もあります。公開しながら外交をやれと言っても無理ですから。

また、外務省としては公開討論で戦略会議を取り上げてくれればありがたいと思ったんではないでしょうか。またこの総合戦略会議は外務大臣の諮問に答えるべく、アドホックではなくて、恒常的なものを考えていました。そしてメンバーは変わっていくかもしれないが、組織そのものはずっと続くものであると。

つまり、内閣府なり、あるいは外務省なりがこういう流れというのを継承していくべきではないかと考えました。援助機関はとくにそうだと思いますよ。こういうものがレベルアップされて、官邸主導の、つまり司令塔の話が出てくるんです。総合戦略会議をやるに当たって、出てきたいろいろな議論があったわけですが、それをどう実行するのか。やはり行政的な司令塔をつくらなければダメではないかということになってくるんです。この頃は、外務省でいろんな議論をしましたが、朝から晩まで私は司令塔、司令塔と言っていたように思います。記事も随分書きました。

――第二次ＯＤＡ改革懇談会発足時の外務大臣は田中真紀子さんでしたが、ＯＤＡについてはどのような考えをお持ちでしたか。

荒木　田中さんは海外青年協力隊とかＮＰＯが好きなんですね。懇談会でも初回に地球市民のためにＯＤＡをやりたいといった趣旨のご挨拶をされています。外務大臣でありながら、ＮＰＯ感覚の持ち主という印象でした。会議で誰かがＪＩＣＡのことを言うと、官邸もＪＩＣＡに対して気に食わないところがあったけれど、どうも田中さんも感触がよくない。ＪＩＣＡってあんまりちゃんと仕事していないんじゃないですか、というようなことを言った。そこで私が、「ちょっと待って下さい。ＪＩＣＡの国際協力事業団という名前はあなたのお父さん（田中角栄首相）が『これはいい名前だ』と褒め、それで名前が決まったんです」と言うと、田中さんは「知りませんでした」となったのだけれど、その後が大変だったんです。

田中角栄先生にはＯＤＡに対する五か条の御誓文というのもあって、それでもってＪＩＣＡづくりをしっかりやれよと、各省に圧力をかけたりした時代があったという話をすると、そこでまた「それはなんですか」となって、その後、田中さんは大臣室へ局長たちを呼び集めて「五か条の御誓文ってなんなのよ」と問い詰めたらしい。しかし役人への叱咤激励だから彼らが御誓文を書いた紙なんか持っているはずないですよね。それでえらく揉めてしまったらしく、外務省から電話がかかってきて「あれはなんですか」と聞かれて説明した覚えがあります。

五か条の御誓文というのは……広く会議を興し万機公論に決すべしですから、ＯＤＡでは大きく言うと、霞が関だけで決めることは相ならんということです。外務省だけでなく、各省、行政府内の連絡をよくし、国民、経済界、ＮＰＯ、企業などとも接触して、かくあるべきだという議論です。つくったのは政治家ですよ。ＪＩＣＡ創設（第2章）のところで話に出た湊徹郎先生の委員会で、ミッチー（渡辺美智雄）も入っていました（コラム3も参照）。青嵐会の前身みたいなところで、役人たちをどうコントロールするか、要するに立法が行政をどうコントロールし関係を持って行くかという議論をしていました。

「国際協力に関する有識者会議」と官民連携

――　ＯＤＡ総合戦略会議は第１回会合が２００２年６月に行われ、２００５年３月の第21回で終わっていますね。

荒木　いや、まだその後もあります。名称が変わっているだけです。２００７年からは渡辺先生が座長の「国際協力に関する有識者会議」になって、北海道洞爺湖Ｇ８サミットを間に挟んで２００９年まで続きました。総合戦略会議という名前も会議もなくなっていましたが、同じ流れの中で、目指すところは同じで意味合いは続いています。私としては、総合戦略会議は一定の方向を打ち出したことで終わったと考えています。なんとなくうやむやに終わった感じもするけれど、もともとあれは外務省の戦略とからませてやっていたということでもあるわけです。

「国際協力に関する有識者会議」の最後のレポートは、渡辺先生と草《くさ》野《の》厚《あつし》さん（慶應義塾大学教授＝当時）、大野泉さん、そして私の４人で書きました。第１章の「戦略性―選択と集中」は渡辺先生で、国民の合意形成を含めて援助の哲学的なところを書かれ、第２章の「アフリカ支援」は大野さん、第３章の「官民連携」は荒木、第４章の「ＯＤＡ案件の形成と実施上の課題」は草野さん、第５章の「人材育成」は外務省経済協力局技術協力課と私です。私がこういう役所のＯＤＡの報告書をドラフトなしで書いたのはこれだけだと思います。当時（２００９年）の局長は別所浩郎《べっしょこうろう》氏で、「国際協力に関する有識者会議」のときの最後の国際協力局長です。とても真摯な人で、報告書の趣旨からいって、自分が外務大臣に渡すのではなくて、渡辺先生やその他の委員の方が直接渡して説明して下さいということで、場を設定してくれました。外務大臣は高村正彦《こうむらまさひこ》さんで、高村さんもきちんと話を聞いてくれましたよ。

――官民連携は荒木さんが熱心に訴えられてきたテーマでもありますね。

荒木　はい、官民連携については世界の新しい援助潮流ということで、『国際開発ジャーナル』（２００８年2月号）でも取り上げています。例えばアメリカの国務省国際開発庁（ＵＳＡＩＤ）は国連、ゲイツ財団、ロックフェラー財団、薬品製薬会社協議会とアライアンスを組んで「ワクチン・予防接種グローバル・アライアンス」というのを立ち上げています。アメリカの対外援助のいわば第三の新しい波です。つまり、第一の波が政府援助、第二の波が民間ベースの援助、第三の波が官民連携。またヨーロッパでも税金からの援助拠出に限界を感じ、官民パートナーシップ（ＰＰＰ）を打ち出しています。英米ではもう官民連携は常識なんです。日本の官民連携もこうした国際潮流に沿ったものとして位置付けられます。

報告書でその促進を提言し、これと一対になるべき「ＯＤＡとしての海外投融資機能」の創設を訴えました。ちょっと報告書からさわりを引用してみましょうか。《…こうした投融資は、開発途上国の経済・社会開発に寄与する民間事業をＯＤＡがバックアップするという基本的な考え方を背景に、従来の制度にこだわらず、新しい時代の要請に応える制度として実施されねばならない》。その後、紆余曲折はありましたが、ＪＩＣＡに海外投融資事業が開設され、パイロット事業が行われましたし、その事業の新しい対象にはＢＯＰビジネスも含まれるようになりました。ＢＯＰというのはBase of the Pyramidの略で、発展途上国の低所得者層を対象に、多国籍企業がＮＰＯや援助機関と協力して行う新しいタイプのビジネスなんです。

財務省の役割

――「国際協力に関する有識者会議」は財務省とのかかわりはあったのでしょうか。

荒木　まったくありません。財務省は正直言ってＯＤＡとかかわりたくないんですよ。かかわったらお金のことを無心されるから、もう意図的にかかわりたくない。逃げ回っていました。彼らが熱心なのは自分たちがつくったアジア開発銀行と世銀との協調とか、あるいはアフリカ開銀とか、そういう海外につくった開発銀行との関係については、ことさらに熱心でした。

　とくにアジア開発銀行は歴代総裁を日本から出していて、すべて財務省出身ですからね。例えば現日銀総裁の黒田《くろだ》東彦《はるひこ》氏もその一人ですし、その後釜の中尾武彦（２０２０年1月退任）も財務省出身です。財務省はＯＥＣＦやＪＢＩＣ、ＡＤＢのことについてはいろいろ言っているけれども、ODAそのものにはもうほとんどかかわっていないのです。だから彼らはどちらかというと、援助はマルチでやるべきだという立場です。もうバイの時代ではないと考えているわけです。

―― JBICに統合された時点でOECFの国別の発想はもうなくなっていったということでしょうか。

荒木　いや、お金を貸していく上でも事務的にも必要だったので、国別に編成はしていましたが、お金の出しぐあいや熱心度からいうと、基本的にはそういう国際機関に財務省が全部関与して、人も出し、論理的にもそういう世界で開発援助はやるべきであって、国別ではやるべきではない、日本の国がどこそこの国を云々と、やるのはおかしいと言って議論している局長が財務省には大勢いました。それに財務省は銀行と同じで、お金を貸す（有償資金協力）のであって、無償資金協力ではないのですから、貸したものはちゃんと回収しますというのが前提です。無償は出しっ放しですから、財務省はすごく嫌がるわけです。外務省が財務省から嫌がられたのも、無償資金協力があるからです。

外務省も下手なんですよ。貸し出して戻ってきているケースをいくつか検証をして、具体的に示してあげれば、財務省だって安心するわけです。彼らは、今日明日返してくれと言っているんではない。貸した金が、例えば5年後、10年後になって返ってくる場合についても、こういう成果を上げて日本のためになってきますというきちんとした説明があればいい、と言っています。

ところが貸しても貸し放しで、しかももっと悪いことには、成果の上がらない中で援助し放しというのもありましたから、財務省としては、それはやはり国民の税金を無駄使いしているということで、よくないと考えるでしょう。それは相当怒っていましたよ。そういう財務省の気持ちは、私も分かるのです。

――　冷戦時代、財務省は対米協力ということでＯＤＡにも非常に関心があったが、冷戦が終わると輸銀など自分がかかわる組織の防衛やＡＤＢ、世銀との協力には熱心だったということですね。ただ、荒木さんが強調されたアジアを重点にするという点はどうでしょうか。

荒木　全然なかったと言ってよいと思います。そういう意味では、財務省がアジアに明白に関心を持ったのは１９９７年のアジア通貨危機だと言えますね。これに関しては、アジアは日本経済の生命線とか、いろんなことを言っていたんじゃないですか。例えば榊原英資《さかきばらえいすけ》さんが打ち出したアジア通貨基金（ＡＭＦ）とか、宮澤大蔵大臣の名前を冠した新宮澤構想とか。あの辺りから財務省は地域としてのアジアを結構意識し始めたと思います。そういう意味で、国別の援助計画云々じゃなくて、アジアというものを政策的に押さえていかないといけないとなった。財政、金融の面で、最後はアジア通貨危機のものすごい余波を食らっちゃったわけですから。

――　新宮澤構想に続くチェンマイ・イニシアティブも地域で対応するという発想でした。

荒木　そうです。ですから、あのあたりから地域全体で見るという考え方が出てきました。Ａ

ＤＢは地域で見ていったんです。財務省の立場も国別から地域にシフトして行ったわけです。当時、財務省には論客が多数いました。その一人が前ＡＤＢ総裁の中尾《なかお》武彦《たけひこ》さんで、彼がワシントンの日本大使館にいたときに、ワシントンとこっちでしょっちゅう議論していました。僕がバイでと言うと、中尾さんはバイではなくてマルチのアジアなどを議論していました。

――　１９８０年代ぐらいまでは、大蔵省が黒字還流の話も含めてかなり存在感があるように感じられますが、90年代に入るとなかなか顔が見えないというのは、大蔵省がＯＤＡに関心をなくしたということでしょうか。

荒木　これまでもお話ししてきましたが、基本的に冷戦中はやっぱり緊張感があったようです。大蔵省はおそらくワシントンのＩＭＦとか世銀などとの関係がいろいろあるから、つき合いも非常に深いはずです。ワシントン詣ではやっていましたし、中尾さんは専らそっちの方の担当でしたから、アメリカの財務省とは関係が深いんじゃないかと思います。

――　農水省はどうですか。

荒木　もう全然関係ありません。農水省はＪＩＣＡをつくったときには役割を果たしましたが、あとはもうみんな消えてしまったと言ってよいでしょう。また、その変わりようは非常にドラスチックで、要するに原材料を確保しなくてもいい時代になってきたということです。飼料とか大豆とか、日本は自分で開発輸入したけれども、アメリカやヨーロッパには、いわゆる穀物商社

（穀物メジャー）がたくさんあります。とくにカナダ、アメリカはすごいのがいます。彼らと手を結んでうまく回転するようになってきた。ところがその手を結ぼうか結ぶまいかといったときに、突然、１９７０年でしたか、世界的な干ばつがあって食料危機に陥るんです。そのときにソ連が干ばつでひどい目に遭って、アメリカの穀物の６割ぐらいを輸入したという議論もあって、日本はパニックになったんですよ（コラム４も参照）。

それで、日本はやっぱり独自でやらなきゃいかんという議論になって、国際協力事業団をつくろうという話になったわけです。先にお話ししたように、田中首相がこれはいいと大変喜んだ、そういう時代なんです。ところが、そういう緊迫した状態がなくなってきたから、農水省はすっかり国内派になってしまいました。しかし今、ようやく国際派にまた戻ったわけです。柑橘類などの輸出ですよ。

――資源確保が大きな問題ではなくなった時期というのは80年代ぐらいですか。

荒木　そうですね。日本の商社が力を付けたし、石油と同じように、国際カルテルとの結び付きもできた。そしてそれがうまく確立されて取引ができるようになった。ですから、それまでは商社中心だったんだけど、国際的な資源開発の枠組みに関係するようになってワン・オブ・ゼム、カルテルの一部になっちゃったわけですね。そっちに入り込んでしまって、カルテルを守るために貢献することになったわけです。それでどっち向いているんだということになった。彼らに言わせれば資源確保では、われわれが犠牲を払っているんだと怒っていたけれども。

――ODA総合戦略会議で国別援助計画の報告以外で、議論していたことは他にどのようなことでしょうか。当然、ODA改革案なども議論されたわけですよね。

荒木　大綱見直しの議論はやっていました。その次の第二次ODA大綱の話もその頃からそろそろ出てくるわけです。そう、国別援助計画をやっている一方で、並行的に議論をし始めるわけですよね。月に一回くらいずつ、毎回毎回、頭のところでいつも議論した覚えがあります。第二次ODA大綱が策定されたのは2003年8月ですが、それまで委員が出した見直し論のペーパーをもとに議論をするということもありました。総合戦略会議のときの外相は川口《かわぐち》順子《よりこ》さんに代わっていて、あの人は熱心でした。通産省で最初の女性（通商政策局）経済協力部長になったばかりの頃にインタビューしたのを覚えていて、会うといつも挨拶を交わして、頭の切れのいい人でした。大臣になってもなかなかなものでしたよ。

経産省の役割

――外務省を中心にお話をうかがってきましたが、経産省は外から見ているだけだったのでしょうか。

荒木　いや、経産省は経産省でこつこつ、いろいろと地固めをしていました。通産省の時代ですが、彼らの考えた援助に、すでにお話ししましたが、「ニューエイドプラン」がありました。あれなどは典型的な通産畑の援助でしょう。

ただ私自身はそれらに、あんまり深くはコミットしなかったです。結果的にあれは中途半端で終わってしまった。ちょうど実行に移したときにプラザ合意（85年9月）があって、いっせいに企業が動き出してしまったので、旗振り役の通産省が旗を振ろうとしたときには、企業が先に海外に出て行ってしまっていた。それで、サポーティング・インダストリーつまり、裾野産業があっという間にできてしまったという経緯があります。ですから「ニューエイドプラン」は政策主導型とは言えないでしょう。工業団地など、日本が最初にやるときはもうタイ人が先にやっていましたから。

日本の業者の方が泣いていました。みんな、俺たちより先にやられたとか言って、それはすごかったんですよ。要するにやり方が戦略的ではないんです。行き当たりばったりだから、タイならタイについて、タイが今求めているのはなにか、日本が援助として入り込むためにはどういうすき間があるかとか、その辺のところに関してタイの側に立って考えていくということを一回もしたことがなく、要するにタイの方のニーズが全然わからない形で行き当たりばったりで、民間主導でやってきた感じです。

――その後、今度はアジア通貨危機（97年7月）が起きたので、通産省はそれにどう対処するかという方に走っていきましたね。

荒木　アジア通貨危機のときの通産省は、自分のところのＯＤＡを使っていい働きをしていました。とくに危機の震源地だったタイにはその後、中小企業に対する手当てをいろいろやり、中小企業診断士などもどんどん送り込んで行きました。一つは通産省畑の水谷《みずたに》四郎《しろう》ミッションと言いました（99年1月～6月、中小企業政策ミッションで、水谷専門家を派遣）。

ＯＤＡ総合戦略会議という名前を聞くと、普通は日本全体のＯＤＡの総合戦略会議のように思うかもしれませんが、実はそうではない。外務省が考える総合戦略会議であって、通産省は入ってないんです。確かにＯＤＡ予算の大半は外務省だから、それはそれで当然というか、仕方がないですが、通産省のＯＤＡ予算はそれでも大きいけれど、文科省だって多少ともＯＤＡを持っているにもかかわらず、外務省の視野には全然入っていない。やはり縦割りなんです。人づくりという意味では文科省の国費留学生というのもＯＤＡですよね。でも、ほとんど外務省の人は関係ないというか、関心ない。お金だけ向こうに流れている。

――それと92年に日本ではバブルがはじけて、通産省では、委員会や研究会などで援助を二つに分けますという議論が出てきますね。つまり、援助が必要な国に対する貧困撲滅とか環境保全、そしてこれとは別の援助に分ける。例えば韓国や中国とかすでに援助を卒業した国に対して、日本の企業が日本国内ではやっていけないので進出する場合に、それを支援するのが二つ目の援助です。

荒木　そう。海外に出ていく企業を支えるような形の援助が必要であって、それは日本の競争力強化とか国益のために行う。つまり相手が貧しいかどうか、必要かどうかではなくて、日本自身のための援助と、その中での相手のニーズに合わせた援助と、２本立てでいこうということで、通産省はそれを強く言っていました。

これはビジョンというか、考え方が根本的に違うんですよ。通産省は経済協力白書というのを引っ剥がされて、外務省のＯＤＡ白書の方に持っていかれたでしょう。最初は輸出振興時代でＯＤＡが非常に活躍したわけですね。それはやはり通産省の輸出振興政策でもあるのです。ＯＤＡはそれに加勢せよということで、ＯＤＡが輸出振興政策の中の一環として組み込まれた。当時は海外経済協力基金にしてもね。ですからあの時期、通産省主導の経済協力が進んだので、当時、通産省に行って「国際協力」と言ったら、「いや、経済協力だ」と言って、言葉からして、「国際協力とは違うんだ。経済協力だ、君」なんて怒られたことがあります。

――それは今まさに日本が開発協力でやっていることです。そういう意味では通産省は先取りしていたと言えるのかどうか。

荒木　さきほどお話した援助庁をつくるという構想の中には、そういう、通産省は通産省、外務省は外務省という縦割りではなくて、援助というものを文字どおり総合的に考えるために援助庁をつくらなくてはいけないんだという考えが基本的にありました。しかし、いつもなにかもやもやしていて、4省庁、5省庁、6省庁、足の引っ張り合いをやってしまっていて、総合的な組織はなかなかできなかった。ですから、総理大臣なり誰かが、えいやとナタを振るわない限り、これは無理だと思いました。役人たちに任せて議論していたら分断の議論しかないから、ダメだとずっと思ってきました。これだけ各省庁別に、みんな凝り固まっていたらどうしようもないでしょう。

アメリカとかイギリスはそうではないですね。それはもともと外交政策そのものが国の総合的な政策立案の中で成り立っているからです。例えばイギリスの外交がコモンウェルスと言われる旧植民地の関係国の経済利権を手放したらなにもできないわけで、その上にイギリスの外交、途上国外交が成り立っているのです。日本はそういう権益は大東亜戦争で全部なくしてしまって、むしろかかわったらまずいわけですよ、ある意味において。純粋に外交だけをやっておかないと、変に経済とかなにかにかかわると、経済侵略だとかエコノミックアニマルだとかいろんなことを言われてしまってきたから、できるだけ純粋化しようというところが外務省にはあったわけです。

賠償のときに血みどろの戦いをやっていた外務官僚がいました。そういう人を何人も知っています。もうみな亡くなりましたけれど、国益のために値切り過ぎた。日本とすれば値切らなければならない立場にある人は値切るわけだけれども、外交官でも、インドネシアならインドネシア、当時のビルマならビルマと非常に親しくやっている人たちは、これではいけない、おかしいと、何度も抗議していた人がいましたよ。

タイの特別円借款をめぐっても、交渉の窓口であった外務省でも反発する外交官も結構いました。今になってみると、当時は真面目だったんだなと逆に思ったりしているんですよ。国益が大事であるというのは分かるけれども、国益だけを追求していたら日本とアジアとの関係はうまくいかなくなると危惧する人たちもいたことは間違いないんですね。そこのバランスの取り方がとても難しい。

タイの特別円借款で金額を決めるとき、タイのサリット首相と会談していて、池田勇人首相が一瞬にして決めましたね。持ち帰っても国会で叩かれない程度のものを複利計算でパッパッと出し、その根拠を聞かれたら、それもパッと説明したので、サリット首相が「なんであんな計算がすぐできるのだ」と驚いたくらいです。トランジスタ外交をやっただけのことはあります。

ODA改革はどの程度達成されたか

――ずっとODAにかかわってこられて、振り返ってみて、ODA改革はどの程度達成されたとお考えですか。

荒木　ＯＤＡ改革懇談会が２０００年の初めにできた当時の外務省はいろいろな不祥事があったりして、なにも世間にアピールするものがないといったような状態でした。そういう中で、外務省の仕事で眼に見える形できちんと仕事をやっているのがＯＤＡだった。

ところが外交にはマル秘のところが多いから、ＯＤＡも一般にはそれほど知られていない。外交を促進する意味からも、ＯＤＡをやる意味合いを国民全体に知らしめる必要がある。外務省はなにをやっているか、その意味合いを改めて社会に分かってもらおうと、外務省が持っているＯＤＡを眼に見える形で国民外交にするということで、外務省への非難や批判を回避できるのではないかと考えたと言ってもいいんじゃないか。国民参加型のＯＤＡをやり、ＯＤＡの公開性を高める。そういう点で改革懇談会の存在とその役割は大きかったと思います。

ＯＤＡの国民的議論を起こそうとタウンミーティングも全国で開き、メディアの声も取り上げました。僕も大阪でタウンミーティングに出て、公開討論でボロカスに言われたりしましたよ。でもそれは高く評価したいと思う。こういう一連のことを10年間やったわけです。ＯＤＡも含めて外務省が一般の国民に親しまれようと考えた。外交は国民との接点がなかなかないですから。

――改革懇談会は一定の役割を果たしたとの評価ですが、その後も荒木さんはＯＤＡにいろいろとかかわっています。

荒木　今は、僕は中小企業の海外支援を応援しています。中小企業は地方に多いですから、地方に行く機会も多い。というのも大企業はもうみんな海外へ出て行ってしまったでしょ。生産拠点を海外へ持っていったから、日本を土台とする政策が成り立たないわけですよね。輸出する主体が日本の中になくなった。そこで出てきたのが中小企業の海外展開の支援で、中小企業をなんとか仕立てて外へ出ていこうということくらいしか、もう政策の打ちようがないです、とくに産業政策の面でも。あと、今度は農業の分野が出てくると思いますよ。でもずっと見ていると、おもしろいですよ、従来の経団連をはじめとするやり方ではないんです。

今、官民連携もやっているでしょ。でもいくら言ったって、民が出てこないんです。私もＪＩＣＡの海外投融資事業の委員をやっていましたが、民が今はほとんど出てこない。民間が投資を手控えている。一体どこに行っちゃったのって感じですよ。

対中ＯＤＡはなんだったのか

――　先にタウンミーティングの話が出ましたが、タウンミーティングで会場からのＯＤＡに対する批判の中で、とくに厳しかったのが対中ＯＤＡの問題と聞いています。対中ＯＤＡについては、荒木さんはどう考えられますか。

荒木　この前、安倍首相が訪中して対中ＯＤＡの終わりを告げましたが、僕は今と同じ質問を日本で発行されている華字紙から受けました。ＯＤＡの総括を専門家に聞くという形で。僕がそのインタビューで言ったのは、簡単に言うと、１９７９年からＯＤＡベースの対中援助が始まったが、「改革・開放を援助する」というのはあくまで建前であって、対中ＯＤＡの本当の背景には触れていないということです。

　中国の場合は文化大革命の後だし、外貨不足は歴然としていた。僕は中国へは１９８０年に行きましたが、北京大学は腕っこきの先生が下放されて大学にいなくて、改革・開放は本当かいなと思った。そういう中で、日本は世銀より先に円借款を始めました。その意義は大きいです。

　台湾に対しても賠償をやるべきだが、国民政府は日華国交回復（１９５２年）のときにそれを放棄した。台湾は俺のものだという北京政府の立場からすれば、台湾の断ったものを俺の方でというわけにはいかない。日本としては北京政府の面子を立ててやらなければいけないから、改革・開放を応援するのだという建前で対中援助をやった。ですから根っこに流れているのは台湾問題で、非常に微妙ですよ。中国が想定していた金額はもっと大きい。本当は何百億ドルというものだった。ですから対中ＯＤＡは、言葉は悪いが安上がりの賠償です。賠償代わり、それも円借款です。これに対して東南アジアでやったのは無償ですから、それとは全然違います。

　そういう意味では援助とは言えない。賠償とも言えない。あくまでもＯＤＡを改革・開放に供与するとしたが、普通の国へのＯＤＡとは意味合いがまったく違ったと言えます。フィリピンやインドネシアへのＯＤＡとは違う。ある意味で韓国と似ているかもしれない。韓国も賠償という形でなく、朴正熙政権への一般経済協力という形にした。東南アジアと中韓は違うもので、それを理解した上で対中ＯＤＡを始めたのだと、中国の記者にはインタビューで言ったんです。裏はもっと深いですよ。

東南アジアのように賠償援助ではなかった。僕はやはり極めて政治的な動機があったと思う、いろいろな意味で。それで具体的になにをやったかというと、中国の国力増強のために第一に港湾で、海に面しているところの整備を行った。第二弾は港湾を整備した場所の近代化、鉄道を含む基本的なインフラ建設です。そして次は電力です。

―― これらは中国が今、アフリカに対してやっていることでもありますね。

荒木　そう、まったく同じです。彼らは分かっているんだ、それが国づくりの基本だということを。もっとも病院、医療には関心がなかったから、大平さん（首相）が１９７９年12月に訪中した際に、病院をいわばお土産にしました。実際に完成したのは中曽根さんが首相のときで、無償と技術協力による日中友好病院が完成（１９８４年10月）したわけです。

―― その後、中国が経済成長するにつれて、日本の世論の対中ＯＤＡに対する批判はどんどん強くなりました。

荒木　極めて冷静に考えると、対中ＯＤＡは政策なんですよ。戦後の対中政策の始まりです。外交はある程度具体性がないとまずいので、なにを表したかと言うと、対中援助でそれを表したのだと思います。日本が中国の国づくりに協力する。その基本をいろんな意味で踏んだところのものだったと思います。だって戦時中に日本軍が中国を荒らしまくっているんです。あれだけやられたんだから賠償なら何百億ドルの話になるが、賠償の代わりにしては金銭的に安くついた話であると思う。

それを外交政策と言えば外交政策で、台湾の蒋介石が、本心は分からないが、賠償は要らないと言った。賠償を資産で計算すると、日本が台湾に残した資産はもう全部もらったわけだし、鈴木源吾さんをはじめ台湾総督府の日本人官僚３００人くらいがみな3年から5年残って、台湾の立て直しをやった。行政府のメンテナンスを指導したのはみな日本人ですよ。だからそれ以上欲しいとは言えなかったのではないか、と見る向きもありますね。そんな大きな話ではないが、ダム建設を円借款で一部やりました。台湾は形の上では賠償が成立しなかったが、中国にすれば本音は賠償が欲しかったのではないか。一方で財界人も、関西財界では賠償のソロバンをはじいていたけれど、東南アジアのように中国でも大きなビジネスチャンスがあるのかと思ったが、中国は日本の対中援助が本格化しても日本からまとめ買いをしてくれなかった。

ＯＤＡの世界を変えた中国

——中国は日本からのＯＤＡでインフラ整備をする一方、今度はそれを中国自身がアフリカで行っている。中国はＯＤＡを単に受け取っただけでなく、今やＯＤＡの世界を変えたと言ってもよいのではないでしょうか。

荒木　ＯＥＣＤのＤＡＣ（開発援助委員会）がそうですよ。ＤＡＣにはかつてのような力はもうありません。言ってみれば、ＤＡＣはつぶれてしまった。つぶしてくれたのは中国です。でも、私はうれしいんですよ。ＤＡＣで援助はこうあるべきだという、あんなヨーロッパ人の勝手な組織、つぶしてくれたからありがたい。ＤＡＣというところはヨーロッパの考え方に基づいてやっているわけですから。

日本だってＤＡＣのことを、すごい変なところだと思っていたんですよ。例えば２０００年に入る少し前に、途上国における累積債務の棒引きをやりました。日本の棒引きは１兆円ぐらいです。放棄したわけです。途上国の累積債務、つまり借金を帳消しにした。そのとき、ヨーロッパからモーゼの話が出てきましたよ。ヨーロッパの市民運動が、ちょうど２０００年に、モーゼの教えに帰ろうと……。

——「ジュビリー２０００」ですね。１９９０年頃から世界中で、最貧国の累積債務を２０

００年に帳消しにしようという社会運動が起きました。

荒木　これはクリスチャンの発想ですよね。ＤＡＣは当然その影響を受けているし、結局この話はＧ８まで行きました。98年のバーミンガム・サミット（英）や翌年のケルン・サミット（独）で、実際に最貧国の累積債務帳消しが実施された。

ただ当時を思い出してみると、日本は全部チャラにするのは如何なものかと、釈然としないものを感じていたと思います。やっぱり基本的には貸したものは返してもらうというのが日本の基本的な考え方ですから。でも世界の趨勢には逆らえないということでしょう。とにかく1兆円近い援助残高をチャラにしたのです。

――中国は、まさにそれも武器にしているところがあります。ＣＬＭＶ（カンボジア、ラオス、ミャンマー、ベトナム）などは、半端じゃない。今までの累積の3割ぐらいは、帳消しにしています。

荒木　やはりＯＤＡの世界でも、中国の影響を、ひしひしと感じるようになってきました。今までは、大したことないだろうと思っていたけれど、彼らがＯＤＡの世界で、特にアフリカで蒔いた種というのは、ＤＡＣの理屈をつぶしてしまいましたからね。それはまた中国の「一帯一路」という世界戦略につながっています。

これからの援助の概念というものが中国の登場でまったく変わってくる。これまでの話はみんな古典的な援助論になってしまう恐れがある。歴史に残る話ですよ。

〔3〕ＯＤＡのこれからと展望

ＯＤＡの終焉と開発協力大綱

――最後に、これからのＯＤＡについてお考えをうかがいたいと思います。荒木さんは有識者会議の後はどのような委員会で、またどんなことをされてきたのでしょうか。

荒木　ちょっとややこしいのは外務大臣の諮問に答える委員会と懇談会があるのですが、僕がその後参加した懇談会では、２０１４年3月からの「ＯＤＡ大綱見直しに関する有識者懇談会」（座長・薬師寺泰蔵、慶應義塾大学名誉教授）があります。第三次のＯＤＡ大綱の見直しは、この懇談会で行われました。ここで見直しに踏み切ったんです。4回にわたった会合では新しい大綱のあるべき姿について議論し、２０１４年6月に報告書を、当時の岸田文雄外務大臣に提出しました。

一番大きな変化は、これまで「ＯＤＡ大綱」と言ってきたのが、初めて「開発協力大綱」となった点です。ＯＤＡという名前が初めて消えたわけです。ちょうどＯＤＡが始まって60年という節目でした。

なぜＯＤＡという名称をやめて開発協力にしたかというと、ＯＤＡというとオフィシャルのイメージが強く、政府だけでやっているイメージがあるけれど、今やそうではない時代になっている。ＮＧＯもＮＰＯもそして企業も含めてです。それで懇談会でも開発協力という名前にした方がよいのではないかとなって、そう提言したわけです。

――名称を変えることについては外務省内でもいろいろ議論があったようですが、最後に開発協力大綱に落ち着いた。

荒木　決め手は開発途上国に流れる民間資金の大きな増加です。ＯＤＡが純粋にＯＤＡとして、つまり政府開発援助として考えられなくなったということです。これは東南アジアの経済発展を見ればよく分かります。賠償から始まってＯＤＡは確かに大きな役割を果たしましたが、民間企業の投資、進出による雇用創出などがあったからこそ、東南アジアのテイクオフがあったことは明らかです。この3度目の大綱見直しの後、一番最近の懇談会は河野太郎大臣直轄の「ＯＤＡに関する有識者懇談会」で、２０１８年7月から始まり11月まで約5カ月、4回にわたり議論し、提言書を出して終わりました。

――この河野懇談会はどういう顔ぶれですか。

荒木　座長は民間調査機関の人で、あとは弁護士や大学教授、民間調査機関、企業、ＮＧＯとオールジャパン体制で、あらゆる層の人たちが入っていましたね。総勢14人、年代は40代から50代が中心で、もう僕なんか入るのは本当はおこがましい、おかしいような年代です。僕の年代はほとんどいなかった。だからあんまり喋らなかったな。

国民基金構想

――荒木さんが喋らないなんて、それはないでしょう。

荒木　その中で僕が言った要点はこういうことです。これからのＯＤＡは国民の中でやるものであって、国民合意が必要であると。そのために政府資金を投入したオールジャパンの国民基金をつくってはどうかということも言いました。

――国民基金ですか。具体的にはどういうものでしょう。

荒木　分かりやすく言うと、市民、企業、いろいろな民間団体など、さまざまなところから寄付金を集め、それを外国支援の形にする。その一部が場合によってはODAということであって、ODAがすべてではないということです。ODAの中にNPOやNGOがあるというのではなくて、国民基金の中にODAがあるという認識を持つべきではないかということです。国民の税金をもとに一般会計予算でODAをやっていくことはもうできない。従来型のODAはこれ以上進めることはもうできなくなっているということなんです。

結論から言うと、僕の目指すところは地方自治体の交流とか民間交流があり、NGO交流、文化交流があり、国民総出の交流がある。そういうものを外務省がすべて掌握し、バックアップしてあげられるような国民レベルの、さしずめ国民財団をつくるんです。アメリカのNGOは何十億ドルという大変な額のお金を集めているのに、日本のそれは全然集まらない。そこはもっと社会的広がりを持ったものであれば、命名にはこだわりません。税金が入ってもよいが、あまりそれを頼りにしないでやる。

――お金はどのようにして集めますか。

荒木　プロ野球、相撲、ラグビー、芸能界……いろいろあるでしょ。入場料の中に入れて、例えば10円は財団の中に入れてもらうとか、広くお金を集める方法を考える。出してもらう側には、このお金は日本と世界の交流のために使うと説得するんです。説得する人が問題ですが、信頼性のある人でないといけない。

日本の中で誰が一番信頼性があるかと言えば皇族でしょう。国際性もあるし、お願いしてトップに立ってもらったらどうかと思います。僕はＯＤＡの世界もそういうことをやる時代がきているのではないかと思うんです。永久に政府が援助をどうするというのはもう限界にきているということなんですよ。つまり援助の概念を超えて、国際交流、国際協力を中心にした概念でやっていかないと、もう無理だろうと。外務省はそれを外交としてどう捉えていくかということを考えればいい。

――ＪＩＣＡをそういう財団なり団体に使うことはできますか。

荒木　ＪＩＣＡはＪＩＣＡ法があるからそれに縛られる。今は以前よりも自由で金儲けしてもよいからそれでもよいが、それでもＯＤＡの範疇です。僕の考えはＯＤＡの範疇はもう出てしまい、例えば魚屋さんのグループが交流する。実際にもうすでにいくつかあるんです。医療にしても民間の医療財団がある。先日はマッサージ師の人たちと名刺交換しましたが、そういうレベルで国際交流をやっている。またそういうコンセプトを入れていかないと……。

税金で国民に代わってそれを執行するというような時代は終わっている。それにＯＤＡに回される税金もなくなりつつあります。僕は途上国の「国づくり援助」の時代はもう終わったと思っているんです。今は過去につくったものを辛うじてＯＤＡでメンテナンスをしている時代ではないか。アフリカの援助だって大変、どういう知恵を絞れるか、そういう時代になっています。ボランティアの時代になっているのではないかと思います。

ですから私が日頃言っているのは、要するに国境なんかもうないよと。あっても国境なんかもうなくしちゃえと。日本を、アジアの市場の中にどっぷり漬け込んでいって、一方、アジアからも、例えば日本にタイ料理屋が、今もあるけれど、どんどん広がるとか、タイ人が日本料理屋をつくるとか。日本とアジアがどっぷりつき合うようなのが東京の中にできてしまうという、そういうイメージです。

われわれの将来の生存権を確保するという意味において、別に難しい話ではないですよ。これから国民が食べていく道というものを、日本の中でつくれるのか。そうすると、それは日本でつくれないから国際社会の中につくっていく。ですからＯＤＡも、そういう点ではコンセプトが変わってきていているんです。今、実際にはもうこれまで考えてきたようなＯＤＡはないんです、実態的には。

―― ある意味、現実の方が先行しているというわけですね。では開発協力大綱はどうなりますか。

荒木 そういう時代になったのだから、あってもよいのではないですか。途上国の開発に特化してもいい。ただ役人がつくった団体ではもうダメだと思います。国民がもうついて行きませんから。企業も同じです。

矛盾しているように聞こえるかもしれませんが、その一方で役人の存在は大切です。開かれた外交と言っても、枠組みはきちんとつくっておかないといけない。国民外交を外交の専門家が探求する。今の段階ではＪＩＣＡにもその意識はないと思います。ＪＩＣＡはＪＩＣＡとして独立単体で動いていて、日本全体を視野に入れて、日本の外交を引っ張っていくという意識がないんです。また与えられた分野でしかやっていかないという意識です。

これから国民参加型になってくることを考えると、やはりそのあり方が問われてくることになると思います。

――長時間にわたって、大変ありがとうございました。ＯＤＡであれ、国際協力であれ、その呼び方はどうであれ、荒木さんがこの分野の世界から手を引くのは、まだまだ先のことになりそうです。

コラム 8

国益論と開発協力大綱

２０１５年２月に閣議決定した「開発協力大綱」は二つの特徴を持つ。第一に、政府開発援助（ＯＤＡ）大綱」の言葉を「開発協力大綱」に替えた。その理由は、国際コミュニティではＯＤＡが発展途上国の援助のみを指しており、新大綱は日本の安全保障や世界の経済成長に役立つ対外協力を目指すため、ＯＤＡという言葉をあえて避けたというものである（荒木自身は、本文にあるように、発展途上国に流れる民間資金の増加をその理由に挙げている）。第二に、新大綱では「国益の確保に貢献する」という文言が初めて入った。非軍事分野での他国の軍への支援と並んで、この文言が当時の安倍政権が掲げる「積極的平和主義」を具体化する根拠になるとして、メディア等では賛否両論含めて大きな話題になった。

じつは、日本のＯＤＡと「国益」を問う議論は古くからある。そもそも、ＪＩＣＡ発足の転機となった農林水産省の食糧確保や通産省のエネルギー資源確保の観点は、明らかに日本の「国益」を前面に出したものだった。また、ＯＤＡが税金を原資とする以上、その使用については常に国民（タックスペイヤー）に対する説明責任を伴う。そのため、相手国の人々の役に立つかどうかの議論の前に、日本国民にとって利益になるかどうかをＯＤＡ支出の基準にすべきだという議論が絶えず起こった。

この議論は河合三良を座長とする第一次ＯＤＡ改革懇談会でも話題になったが、座長の意向もあって「国益論」を正式に議題に取り上げることはなかった。一方、渡辺利夫を座長とする第二次ＯＤＡ改革懇談会ではこの問題を正面から取り上げて議論をしたあと、「国益の追求」という文言ではなく、「国民参加のＯＤＡ」という表現に落ち着いたことが、懇談会のメンバーであった荒木氏のインタビューから分かる。第二次ＯＤＡ改革懇談会の議論は、「国益」を狭い意味での自国ファーストとして捉えるのではなく、国際社会全体の公共利益に貢献することが日本の「国益」につながるという観点をとっていた。この観点は湊徹郎が「わが国対外経済協力の現状と課題」の中で主張した「国際社会の社会的公正に貢献する国益論」という発想と同じであった。

「開発協力大綱」の中の「国益の確保に貢献する」という表現は、二つの立場を併せ持つ。一つは、２０１５年に国連サミットで採用されたＳＤＧｓに全面的に協力することが、ひいては日本の「国益」に利するという立場である。もう一つは、より直接的にＯＤＡを日本の「国益」と結びつける立場である。付表１に示したように、安倍首相が提言した「自由で開かれたインド太平洋戦略」（中国の一帯一路イニシアティブへの対抗）のもと、インド・モディ政権に約束した巨額の円借款の供与は、後者の「国益」を示すものである。

解題

戦後日本のＯＤＡと荒木光弥

末廣　昭

「日本のＯＤＡの生き字引」荒木光弥

戦後日本の特徴をいくつかのキーワードで表現するとすれば、あなたはどのようなキーワードを選ぶだろうか。政治であれば「五五年体制」、経済であれば「高度成長」、思想であれば「民主と愛国」を選ぶかもしれない。そうした中で、戦後日本を理解する上で欠かすことのできないキーワードのひとつが、ＯＤＡ（政府開発援助）、あるいは経済援助である。政府自身は公式的には「経済援助」の言葉を使わず、『年次報告書（白書）』のタイトルには、１９７０年代から90年代までは「経済協力の現状と問題点」、２０００年代は「政府開発援助（ＯＤＡ）白書」、２０１５年の開発協力大綱の制定以後は「開発協力白書」の言葉を、それぞれ使ってきた。ここでは混乱を避けるために用語をＯＤＡに統一しておきたい。

私の周りにいる学生に「ＯＤＡとは何か?」と聞いて、すぐ「Official Development Assistance」の答えが返ってくるのは、大学入試のときに公民（政治・経済）を選んだ比較的少数の学生たちである。多くの学生はＯＤＡの言葉を知らないか、言葉は知っていても、その具体的な内容までは詳しくない。そうした学生でも、大学が提供する「国際開発」や「世界の貧困問題」の講義には強い関心を示す。今の若い世代にとっては、ＯＤＡよりも国連のＳＤＧｓ（持続可能な開発目標）のほうになじみがあるようだ。

日本のＯＤＡはいくつかの世界的な事件を契機にして、その目的も組織形態も大きく変えてきた。荒木光弥は１９６７年に日本で唯一の経済協力（経済援助）に関する専門雑誌である『国際開発ジャーナル』の創刊に参画し、１９７０年5月に弱冠33歳の若さで国際開発ジャーナル社の代表取締役兼編集長に就任した。それ以後は、現在に至るまでおよそ半世紀にわたって、日本のＯＤＡの動きをつぶさに観察し、論評し、そしてさまざまな改革案を提唱してきた。荒木が「日本のＯＤＡの生き字引」と呼ばれる所以である。そこでこの解題では、本書のインタビュー記録を補完する目的で、戦後日本のＯＤＡ政策の変遷と荒木光弥の活動について紹介しておきたい。

日本のＯＤＡ政策の５つの動き

日本のＯＤＡは、巻末の付表１「年表　日本のＯＤＡ政策と世界の動き　１９５４年～２０１９年」に示したとおりである。１９５４年のコロンボプランを通じた技術協力から始まり、紆余曲折を経て２０１５年の開発協力大綱の制定に至るまで、年表が示すようにいくつかの段階的な発展を遂げてきた。その動きを10年ごとに区切って各時期の特徴を列記すると、次のように整理できる。

(1)　第１期　１９５０年代末から60年代のＯＤＡ

当時の世界は米国を中心とする西側陣営（資本主義世界）とソ連を中心とする東側陣営（社会主義世界）が競い合う「東西対立」の時代であった。この「東西対立」を前提に、両陣営は植民地支配から独立したばかりのアジア・アフリカ・ラテンアメリカ諸国（いわゆるＡＡＬＡ）を取り込むための経済援助競争を展開した。一方、国際連合は、１９６０年代を「国連開発の10年」と定義し、ＡＡＬＡの経済開発に対する支援を開始する。すなわち北半球の先進国と南半球の発展途上国の間の「南北経済格差（南北問題）の解消」を掲げた。これがその後の国際機関やＯＥＣＤ加盟国のＯＤＡの国際的指針となった。１９６４年に国連貿易開発会議（ＵＮＣＴＡＤ）が採択した「プレビッシュ報告」、１９６９年に世界銀行の国際開発委員会が提出した「ピアソン報告」、１９７０年に国連開発計画（ＵＮＤＰ）「第二次国連開発の10年」の枠組みとなった「ティンバーゲン報告」はその代表的な事例である。

一方、日本では１９５１年にサンフランシスコ講和条約が締結されたあと、戦後の経済復興、国際社会への復帰、アジア諸国との経済関係の再構築の三つが不可欠の課題となった。その結果、米国からの経済的支援を受けつつ、中国を除くアジア諸国との正式な外交関係の構築（平和条約の締結）、太平洋戦争中に日本が与えた経済的人的損害への対応（賠償協定の締結）、アジア諸国の経済開発に対する支援（経済協力の提供）の三つを基本方針とした。実際、賠償協定の最初の国となったビルマでは、「平和条約・賠償協定・経済協力」の三つをパッケージで締結し、その後の賠償交渉はこの三位一体方式をひとつのモデルとした（本書のコラム２）。そして、１９５８年のインドから始まった有償資金協力（円借款）やその後の国際機関への出資は、国連や世界銀行が掲げた「発展途上国の経済支援」「南北問題の解消」という国際的理念に賛同し、その理念を実現することを目的とした。

⑵　第２期　１９７０年代のＯＤＡ

１９７２年のソ連による穀物買い占めと世界食糧危機の発生、そして翌年の１９７３年の石油危機の発生は、世界の経済秩序と日本の通商政策に深甚な影響を与えた。まず、「南北問題」の南を構成する発展途上諸国の間で、「持てる国」（産油国や資源保有国など）と「持たざる国」

（非産油国や資源貧困国）という分裂が生じ、「南北問題の解消」というＯＤＡを支えてきた国際的理念が崩れた。その結果、西側諸国のＯＤＡはより自国の利益を優先するようになる。実際、日本では海外での食糧確保、あるいは石油をはじめとするエネルギー資源の確保のためにＯＤＡを利用するという、日本の国益を念頭に置いた主張が前面にでた。こうした主張と同時に、ＯＤＡ（無償資金協力と技術協力）の実施を束ねる機関の存在が必要であるという声に押されて、１９７４年に円借款協力を除くＯＤＡを統一的に管理する国際協力事業団（ＪＩＣＡ）が設立された。当時の首相は田中角栄である。

(3)　第３期　１９８０年代のＯＤＡ

日本は高度経済成長をへて、米国につぐ世界第2位の経済大国へと成長する。その結果、国際社会から経済大国に見合った国際協力、いわゆるＯＤＡの支出を大幅に増やすよう先進国首脳会議の会合などで強く要請された。その結果、１９７８年のＯＤＡ第1次中期目標から１９８８年の第4次中期目標まで、日本政府は概ね3年間ごとにＯＤＡ支出の目標金額を設定し（3年間で倍増など）、宣言どおりに実施していった。いわば、日本の直接的な国益の実現ではなく、経済大国としての国際責務を受動的にこなしていった時代ともいえる。ちなみに、１９８９年に日本は米国を抜いて世界最大のＯＤＡ支出国（支出純額ベース）となった（本書の付表2を参照）。

この期間のもっとも重要な動きは、日本がその強い国際競争力をもとに増やしていった外貨

（貿易黒字分）を、ＯＤＡの支出を通じて発展途上国などに還元していく「資金還流計画」（１９８７年）である。もうひとつの動きは、田中首相の逮捕（１９７６年７月）につながったロッキード事件の国際版として、１９８６年に国会で取り上げられたマルコス疑惑であった。ＯＤＡの増額とマルコス疑惑は、日本国民の間にＯＤＡに対する関心を引き起こし、メディアや市民グループが盛んにＯＤＡについて論じたのもこの時期である。なお、１９８９年には東欧革命が起こり、ベルリンの壁が崩壊した。これに伴い１９５０年代以降、ＯＥＣＤ加盟諸国のＯＤＡ支出を直接間接に規定してきた「冷戦体制」という枠組みがなくなり、日本のＯＤＡも新しい時代を迎える。

(4)　**第４期　１９９０年代から２０００年代初めのＯＤＡ**

１９９１年１月に中東地域で勃発した湾岸戦争、この戦争に対して、日本は欧米諸国から従来のように金銭的貢献だけでなく、何らかの軍事的協力を求められた（多国籍軍への自衛隊派遣など）。同時に、日本国内では政府が拠出した１３０億ドルという巨額の資金が軍事費に該当するのではないかという批判も起きた。その結果、日本は１９８０年代にすでに軍事行動を伴わない国際協力（国際緊急援助隊派遣法）を制定していたものの、改めて、日本のＯＤＡの目的、範囲、援助形態について明確にすることを迫られた。その回答が、軍事協力をしないことを明文化した１９９１年の「ＯＤＡ四方針」の発表であり、１９９２年６月の「第１次ＯＤＡ大綱」の策定であった。この「第１次ＯＤＡ大綱」は本書のコラム７にあるように、ＯＤＡを発展途上国への経済援助と限定するのではなく、①環境と開発の両立、②軍事的用途への支出の回避、③国際平和と安定の維持、④開発途上国の民主化の促進・市場経済の導入支援の４つの原則を掲げ、同時に、アジアを初めて重点地域に指定した。

この期間中の１９９７年にアジア地域では通貨危機が発生し、日本は巨額の緊急救済資金（宮澤プラン）や特別円借款の供与を通じて、地域への関与を強めていく。また、２００３年には「第２次ＯＤＡ大綱」を策定し、大綱の中で５つの基本方針、４つの重点課題、３つの実施体制を定めた（コラム７）。実施体制の中には「国民参加の拡大」が盛り込まれ、政府機関だけでなく、民間セクターやＮＧＯ・ＮＰＯとの連携が謳われた。同じ２００３年には、ＪＩＣＡが国際協力事業団から独立行政法人としての国際協力機構に改組されている。

(5)　第５期　２０１５年以降のＯＤＡ

この年、安倍政権は従来の「ＯＤＡ大綱」を廃棄し、新たに「開発協力大綱」を制定した。「開発協力」という言葉を採用した背景には、国際コミュニティの間でＯＤＡという言葉が発展途上国への経済援助をもっぱら指しているため、政府が目指す、より広い世界の平和構築と経済成長、そして日本の安全保障に役立つ対外協力を示す「開発協力」に用語を差し替えたという経緯がある。また、この新大綱では「第２次ＯＤＡ大綱」にはなかった「国益の確保に貢献する」

という文言が初めて明記された（コラム８も参照）。

新大綱制定以降の開発協力を特徴づけているのは、中国の積極的な対外経済協力（一帯一路イニシアチブなど）への対抗を強く意識した「質の高いインフラ投資」の推進と、２０１５年６月に国連サミットで採択されたＳＤＧｓとの連携であった。また、ＯＤＡの対象地域を中国や東南アジアから南アジア、さらにはアフリカ（ＴＩＣＡＤ）へと、戦略的に拡充しようとしたのもこの時期である。ただし、２０２０年に世界各地で新型コロナウイルスが猛威をふるい、同年９月現在の数字で感染者の数は２８００万人、死者の数も90万人を超えた。そのため、「ポストコロナの世界」あるいは「with コロナの世界」で、日本がどのような国際貢献ができるのか、またなすべきなのかが問われている。

ＯＤＡの動きに対する荒木光弥の関与

以上５つの大きな流れの中で、常にＯＤＡの新しい動きに関与し、その動きを冷静に論評し、さらにはＯＤＡの方向性について提言を重ねてきたのが荒木光弥であった。それでは、荒木はどのように関与してきたのか。以下ではその点を簡単に紹介しておきたい。

第１期の時代を特徴づけるのは「南北問題の解消」という国際的理念の実現と賠償責任の遂行

の２つである。この２つと荒木を結びつけたのは、荒木が「生涯の師」と仰いだ大来佐武郎であった。というのも、大来はＯＤＡの国際的理念を規定づけた世界銀行のピアソン委員会や国連開発計画（ＵＮＤＰ）のティンバーゲン委員会の会合に日本代表として出席し、同時に、アジア諸国からは「経済計画策定のプロフェッショナル」として信頼され、助言を求められていたからである（コラム１を参照）。一方、荒木が１９６７年に参加した『国際開発ジャーナル』の初代編集長は、戦後独立まもないアジア・アフリカ・ラテンアメリカ諸国の民族運動の研究とプロパガンダで知られる梶谷善久（元朝日新聞記者）であった。こうした環境の中で荒木は「門前の小僧」として、文字通りＯＤＡのいろはを、ＯＪＴ（オンザジョッブ・トレーニング）を通じて学んでいくのである。

第２期は本書第２章の「資源獲得戦略とＪＩＣＡ創設」と重なる。日本のＯＤＡの重要な節目となるＪＩＣＡの創設は、外務省、通商産業省（現経済産業省）、農林水産省の３省間の綱引きと連携、そして田中角栄首相をはじめとする政治家たちの動きと密接につながる。そのなかでも、当時自民党の対外経済協力委員会副委員長を務めた湊徹郎の「わが国の対外経済協力構想」が、ＪＩＣＡ創設の骨子に大きな影響を与えた（コラム３）。この湊の対外経済協力構想の下調べや草案の執筆、あるいはＪＩＣＡ設立のための法案作成に協力したのが荒木である。ＪＩＣＡ創設をめぐる秘話は、本書のインタビューのなかでは、「第４章　ＯＤＡの終焉から新しい国際協力へ」と並んで、最も読みごたえのある重要な部分であろう。

第３期は経済大国化した日本のＯＤＡをめぐる話である。日本側の利害ではなく米国や先進国の意向に振り回される日本の様子が描かれている。この時期の重要な点は、日本のＯＤＡの運営に関わる権限が、外務省、通産省、農林水産省、大蔵省が構成する「四省体制」から、予算を牛耳る大蔵省へと、全部と言えないまでもかなり移ったことである。日米構造協議は外務省ではなく大蔵省の管轄であり、日米構造協議の影響を強く受けていた「ＯＤＡ中期目標」も、当然ながら大蔵省の意向を反映することになった。なお、この時期は急速に膨らんでいくＯＤＡに対して、どのような問題を抱え、どのような改革がありえるのかを、荒木は『国際開発ジャーナル』毎号の巻頭コラム「From the Editor」を通じて、繰り返し訴えていた（次節を参照）。また、この時期に勃発した「マルコス疑惑」についても、巻頭コラムで詳しく報道している。ただし、「マルコス疑惑」の真相究明が事実上空振りに終わり、ＪＩＣＡ関連の贈収賄事件にメディアの追及の鉾先が移っていったことに対しては、荒木は同じジャーナリストとして強い苦言を呈している。

第４期は外務省が主導するＯＤＡ組織改革の時代で、ＯＤＡの主導権は再び大蔵省から外務省に移った。時期的には、本書「第４章　ＯＤＡの終焉から新しい国際協力へ」の記述と重なる。ＪＩＣＡ創設以来、日本のＯＤＡはどうあるべきか常に腐心してきた荒木は、第１回目のＯＤＡ改革懇談会のメンバーには参加しなかったが、第２回目のＯＤＡ改革懇談会（２００１年４月から）、そしてＯＤＡ総合戦略会議（２００２年６月から）は、座長をつとめた渡辺利夫（当時、拓殖大学国際開発学部長）の強い推薦もあって、委員として参加した。渡辺は荒木にとっては開発経済学や経済援助の分野で意見を交わす50年以上交流のある盟友であった。ＯＤＡ改革懇談会での議論の内容、例えば、国益かそれとも国民参加かを問う議論の様子などが、本書の「第４章」では生き生きと語られている。

なお、２０００年代に入ってから、荒木はＯＤＡに関わるさまざまな委員会に委員として招聘されている。例えば、外務省では「対インド国別援助計画委員会委員」（２００３年から05年）、「対ガーナ国別援助計画委員会委員」（２００４年から06年）、「ＯＤＡ中期政策策定タスクフォース委員」（２００４年から）、「国際協力に関する有識者会議委員」（２００７年から）。文部科学省では「国際教育協力懇談会委員」（２００１年から）、「拠点システム運営委員会委員」（東南アジア諸国の大学を拠点校に指定して学術交流を進展させるプロジェクト。２００３年から07年）、「国際協力イニシアティブ推進委員会委員」（２００７年から）。経済産業省では「経済産業技術協力懇談会委員」（２００４年から）。内閣府では「国連防災世界会議に関わる国内準備会合委員」（２００４年から05年）などがそれであった。

第５期については、そもそも「開発協力大綱」の策定につながった「ＯＤＡ大綱見直しに関する有識者懇談会」（２０１４年３月。事実上の第３次ＯＤＡ改革懇談会）の最終報告書の作成に、荒木は懇談会の委員として参加している。また、直近の「河野太郎外務大臣直轄のＯＤＡに関する有識者懇談会」（事実上の第４次ＯＤＡ改革懇談会）にも荒木は参加したが、もはやメンバー14名の中では最長老に属し、会合の中ではほとんど発言しなかったと証言している。

結局、半世紀にわたるＯＤＡとの付き合いの中で、荒木が到達したＯＤＡのあるべき姿は、もはや「政府」開発援助ではなく、「国民」開発援助を前提とする国民基金構想であった。つまり、民間企業やＮＧＯや市民が自主的に参加し、国民の合意を前提とした基金を創設して、新しい時代の国際協力に貢献する。それが荒木の夢であり主張であった（本書の２５３頁以下を参照）。

荒木光弥の著作活動と受賞・受章

日本のＯＤＡの変遷を知る上で、第一級の資料となるのが、次に紹介する『途上国援助―歴史の証言』全４巻である。これらのシリーズは、『国際開発ジャーナル』の巻頭言として毎号書かれたものをテーマごとに編集したもので、１年12か月、10年分の巻頭言、すなわち１２０本のエッセイがひとつの本に収録されている。５冊分（50年分）を合計するとじつに６００本以上のエッセイとなる（１９７６年７月以前は、月２回か３回刊行していた）。したがって、本のサブタイトルにあるように、この５冊の本は日本のＯＤＡに関する文字通りの「歴史の証言」であると同時に、荒木光弥自身のＯＤＡに対する思索と行動の詳細な軌跡でもあった。

タイトルの『途上国援助』は、現在の開発協力にはなじまない。にもかかわらず、荒木が一貫して『途上国援助』の言葉をタイトルに選んでいるのは、発展途上国、とりわけ彼がいくども足を運んだアジア諸国に対する熱い想いがあるからにほかならない。また、すべての巻の冒頭には、50年来の友人である渡辺利夫（元東京工業大学教授、のち拓殖大学総長・学長）が「推薦の言葉」を寄せている。内容の詳しい紹介は割愛するが、そのときどきにＯＤＡの分野で何が大きな話題となったのか、ＯＤＡをめぐる世界の潮流はどうだったのか、日本のＯＤＡの問題点はどこにあるのか。単なる事情紹介ではなく、日本のＯＤＡ政策に対する厳しい批判と「現場」の実態を踏まえた建設的な提言が随所にみられる。日本のＯＤＡに関心をもつ読者にはぜひ手にとっていただきたいシリーズである。

- 『途上国援助―歴史の証言　１９７０年代』（国際開発ジャーナル社、１９９７年、２７７頁）。コラム「南と北」から。以下、はじめにと8つの章で構成。「はじめに　七〇年代の総括―政治戦略としての「南北問題」」。(1)中国の台頭、(2)アジアの憂うつインドシナ、(3)アジアの反日感情、(4)資源確保狂騒曲、(5)食糧確保狂騒曲、(6)虚々実々の「南北問題」、(7)経済協力をめぐる内輪の事情、(8)七〇年代―アジア・アフリカ事情。
- 『途上国援助―歴史の証言　１９８０年代』（国際開発ジャーナル社、１９９７年、４１８頁）。

コラム「From the Editor」から。以下、はじめと７つの章で構成。「はじめに　八〇年代の総括―「オイルショック」に飲み込まれた「南北問題」」。⑴ＯＤＡをめぐる疑惑の構造、⑵ＯＤＡ批判の潮流、⑶援助政策をめぐる国際動向、⑷援助哲学と政策の論調、⑸ＯＤＡ実施体制への苦言、⑹日本の開発コンサルタント、⑺ＡＳＥＡＮ点描。

・『途上国援助―歴史の証言　１９９０年代』（国際開発ジャーナル社、２００５年、４３６頁）。コラム「From the Editor」から。以下、はしがきと５つの章と「おわりに」。「はしがき　九〇年代の総括」。⑴世界の援助潮流、⑵わが国ＯＤＡの「形」を求めて、⑶ＯＤＡ政策の論点と争点、⑷援助「現場」からの問題提起、⑸アジアの「現場」からのアングル、（おわりに）私的点描。

・『途上国援助―歴史の証言　２０００年代』（国際開発ジャーナル社、２０１２年、５１８頁）。コラム「From the Editor」「森羅万象」「羅針盤」から。以下、７つの章で構成。⑴途上国援助の歴史的考察と援助潮流、⑵「援助疲れ」と「内向き現象」、⑶アジア戦略、⑷ＯＤＡ司令塔への道程、⑸百家争鳴の政策批判、⑹援助現場の争点、⑺現場報告。

・『途上国援助―歴史の証言　２０１０年代』（国際開発ジャーナル社、２０２０年刊行予定）。コラム「羅針盤」から。以下、はじめにと７つの章とあとがき。「はじめに　２０１０年代の総括―半世紀の総括（１９７８～２０２０年）」。⑴世界の援助潮流、⑵途上国援助の政策議論、⑶途上国援助の現場、⑷中国の援助戦略、⑸アフリカ援助の動向、⑹開発コンサルタントの現場、⑺第1巻から第4巻の「抜き書き集」、⑻あとがき。

以上のシリーズのほか、タイに対する技術協力の案件を扱った『一つの国際協力物語―タイのモンクット王工科大学』（国際開発ジャーナル社、２０１２年、２４０頁。英語版もあり）も、秀逸な作品である。この本はＯＤＡ技術協力プロジェクトである「日本タイ電気通信訓練センター」が、東海大学創設者である松前重義とタイ側のパートナーであるゴーソンやポンサックの努力によって、１９６４年に3年制のノンタブリー電気通信大学に、次いで71年には国立大学モンクット王工科大学ラートグラバン校（ＫＭＩＴＬ）へと発展していく物語である。ＫＭＩＴＬはチュラーロンコン大学工学部と並ぶ名門校で、現在まで多数の優れたエンジニアを輩出している。いかにも荒木らしい、人と人との信頼が国際協力の成功の秘訣であることを丁寧に描いた本で、日本のＯＤＡの事例研究としても傑出している。

同様の企画として、『アフリカに大学をつくったサムライたち―ジョモ・ケニヤッタ農工大学物語』（国際開発ジャーナル社、２０１４年、２７９頁）がある。こちらは、１９７０年代にケニヤで農業技術の指導を行い、大学へと発展させていく20年間の試行錯誤の試みが紹介されている。

『国際開発ジャーナル　創刊50周年―新しい出版領域に挑戦して50年』（２０１７年、48頁）は、『国際開発ジャーナル』が創刊された当時の回想と、それに係わった３名の人物、すなわち大来佐武郎、五十嵐隆、鈴木源吾の３名について記録した貴重な資料である。同時に、『国際開発ジャーナル』の過去50年間のすべての号の目次と刊行物が付録として掲載されている。また、荒木「霞が関は燃えた―ＪＩＣＡ設立のドラマ」（『国際開発ジャーナル』ＪＩＣＡ設立10周年記念特集、１９８４年８／９月号、１４３～１５７頁）は、本書の第２章と並んで、ＪＩＣＡ創設の経緯を知る上での必読の文献である。

荒木自身の著作ではないが、先に述べた湊徹郎『日本の生きる道―国際協力の基本政策をめざして』（国際開発ジャーナル社、１９７５年12月、２４８頁）は、もともと私家版として刊行されたが、日本のＯＤＡ政策を考えていく上で、いまなお示唆に富む本である（コラム３も参照）。内容は「わが国対外経済協力の現状と課題」（１９７３年６月稿）、「わが国「対外経済協力」の基本戦略」（１９７３年８月稿）、「新しい国際協力政策の胎動」（１９７３年12月稿）、「国際協力の基本戦略」（１９７４年５月稿）、「国際協力政策の新しい展開」（１９７４年10月稿）の５本の論文（提言）と「国際協力をめぐる政治家談義（倉石忠雄・桜内義雄）」、「巻末付表　わが国対外経済協力の現状と課題」からなり、荒木の編集のわざが光っている。

最後に、『生々流転―荒木光彌の記録』（国際開発ジャーナル社、２０１８年、２７２頁）は、荒木家の歴史と荒木自身の履歴書を収めた本である。第一部「荒木一族の先祖物語」、第二部「親爺たちの南進物語」、第三部「荒木光弥の履歴書」、第四部「荒木光弥の海外取材点描」の４部構成となっている。江戸時代の先祖は屋久島の西に位置する口《くちの》永《え》良《ら》部《ぶ》島《じま》を拠点に廻船問屋を営んでいた貿易商で、国際色豊かな家系に生まれたことが分かる。

荒木は長年の国際協力への貢献によって多数の機関・団体から顕彰されてきた。１９８７年の外務大臣賞を皮切りに、１９９９年にＪＩＣＡの国際協力功労者、２００９年に海外技術者研修協会（ＡＯＴＳ）の功労賞、２０１１年にオイスカ功労者賞、そして２０１６年には旭日小綬章を、それぞれ受賞もしくは受章している。

本書の付表の補足説明

本書の付表として掲載した年表と四つの表についても簡単に説明しておきたい。

付表１「日本のＯＤＡ政策と世界の動き　１９５４年～２０１９年」は、荒木とのインタビューの中で重要と思われる項目を拾って、末廣が独自に作成したものである。時期区分は外務省が公式に発表している５つの区分（日本の政府開発援助の軌跡）、すなわち「第Ⅰ期　体制整備期　１９５４年～１９７６年」、「第Ⅱ期　計画拡充期　１９７７年～１９９１年」、「第Ⅲ期政策・理念拡充期　１９９２年～２００２年」、「第Ⅳ期　新たな時代への対応　２００３年～２０１４年」、「第Ⅴ期　経済援助から平和構築へ　２０１５年～現在」にもとづき整理した。ただし、実際の記述はこの解題の前半で「５つの動き」として紹介したように、世界の重要な事件（石油危機、冷戦体制の崩壊と湾岸戦争、アジア通貨危機、ＳＤＧｓの採択など）への日本側の対応を念頭に置いて整理し直した。

付表２は「開発援助委員会（ＤＡＣ）加盟主要国によるＯＤＡ実績、１９７０年～２０１９年」である。数字はいずれも支出純額（支出総額から貸付の回収分を引いた金額）である。１９７０年代の日本は、ＤＡＣメンバーの中ではＯＤＡの支出金額で第４位の地位にあったが、１９８４年に第２位、１９８９年には遂に米国を抜いて第１位になった。そして、１９９２年以降は２０００年まで第１位の地位を維持した。ところが、１９９０年代初めのバブル経済の崩壊と財政緊縮政策のもとで、ＯＤＡ予算は削減の対象となり、２０００年代以降、金額を急速に増加させる米国やイギリス、ドイツ、フランスに抜かれて、いまでは世界の第４位もしくは第５位の地位に低下している。

付表３は「日本のＯＤＡの形態別実績、１９７０年～２０１８年」である。ＤＡＣの他のメンバーと比較した場合、日本のＯＤＡの大きな特徴は２つある。一つ目は国民一人当たりのＯＤＡ支出負担が低い点である。実際、２０１７年現在、日本の一人当たりＯＤＡ支出はＤＡＣメンバー29カ国中20位であった。第1位のノルウェーの778ドルに比較すると、日本の90ドルはじつに8分の1以下の低い水準であったことが分かる。二つ目は、無償資金協力と技術協力を合計した「無償援助」いわゆる「贈与」の比率が極端に低く、円借款に代表される有償資金協力の比率が、DACメンバーの中では抜きんでて高い点である。

具体的な数字を2017年の統計でみると、贈与比率は米国、ノルウェーが100%、カナダ、スイス、デンマークなどが90%以上、英国が87%、ドイツが79%、フランスが62%であった。韓国は47%と欧米諸国に比べて低いが、それでも日本の37%よりは高い。逆にいうと日本は突出して「有償資金協力」(円借款)の比率が高く、これがDACの間では常に批判の対象となってきた。日本のODAが最初の20年間、「経済協力」という用語を使用したのは、低金利で償還期間も優遇措置があるとはいえ、発展途上国、とりわけアジア諸国の経済開発(産業開発)に対して必要な資金を提供するという政策目的を持ったからである。今日、この姿勢は国際社会から批判を受けており、「贈与比率」の上昇が今後の政策課題となっている。

付表4は「日本の二国間ODAの実績(支出純額と支出総額ベース)、1971年~2018年」である。この表は、ODAの支出総額と支出純額の双方を示すことにより、中国をはじめ、インドネシア、タイ、フィリピンなどの多くの国が、すでにODAの金額で、円借款の新規受け入れ金額より毎年の返済金額の方が大きいというショッキングな事実が判明した。ODA支出純額がプラスになっているのは、東南アジアの中ではベトナム、あとは南アジア、アフリカである。円借款は金融機関による融資であり、いずれは返済しなければならない。その返済が現在、日本の場合には多くの国で発生しているのである。見方を変えれば、返済が滞るかデフォルトに陥りそうな国に対しては、日本は原則的に有償資金協力を行わないのである。

２０２０年現在の円借款の貸付残高（海外資産）は12兆７０００億円。原資の内訳は財政投融資からの借入が３兆円、財務省の出資金（積み立て分）が８兆円、ＪＩＣＡ自身の準備金が１兆７０００億円となる。このうち出資金と準備金を合算した約10兆円がいわば「自己資金」相当分となる。つまり、円借款はほぼ自己回転が可能になっており、これはＯＤＡの予算不足が声高に言われている昨今、貴重な対外協力資産と言えよう。

一方、この解題を書いている２０２０年９月現在、新型コロナウイルスが世界を席巻し、Ｇ20のメンバーは、コロナ感染大国である米国をはじめ、ブラジル、インド、ロシア、南アフリカなどを含むため、世界の感染者の73％、死者の72％以上を占める。コロナの被害が相対的に軽微な日本への復興援助に対する世界各国からの期待は高く、特別円借款の要請もすでに出ている。過去の円借款の返済資金をどのように有効に活用するのか、その点を真剣に考えてもよいのではないだろうか。

最後の付表５は「日本の二国間ＯＤＡ上位５か国の推移、１９７０年～２０１８年」を整理した表である。上位5か国に登場する国をみると、当初はインドネシア、韓国、タイから、中国、フィリピンへと移動し、2010年代に入るとベトナム、インド、バングラデシュが上位に登場する。円借款の第1号はインドであった。実際、1970年には第4位に登場している。その後、40年をへて、2010年からインドが再び上位に登場する点に、日本のODAの不思議なめぐりあわせを感じるのは私だけだろうか。

付表

付表1　日本のODA政策と世界の動き、1954年～2019年

<table>
<tr><th>年次</th><th>日本のODA政策</th><th>年次</th><th>世界と日本の動き</th></tr>
<tr><td colspan="4">Ⅰ．体制整備期（1954～1976年）</td></tr>
<tr><td>1954年</td><td>ビルマと平和条約、賠償協定（以後、各国）</td><td rowspan="2">1955年</td><td rowspan="2">4月　インドネシアで非同盟の「アジア・アフリカ会議」（バンドン会議）を開催</td></tr>
<tr><td>1954年</td><td>10月　コロンボプラン加盟、技術協力開始</td></tr>
<tr><td>1956年</td><td>12月　国際連合に加盟</td><td>1955年</td><td>NATOに対抗しワルシャワ条約機構結成。</td></tr>
<tr><td>1958年</td><td>円借款（Yen Loan）開始。第1号はインド向け</td><td rowspan="2">1956年</td><td rowspan="2">フルシチョフ第一書記、スターリン批判。米国との宇宙開発、経済援助、生活水準競争</td></tr>
<tr><td>1958年</td><td>通産省『経済協力の現状と問題点』（2000年まで）</td></tr>
<tr><td rowspan="2">1961年</td><td>3月　海外経済協力基金（OECF）設立</td><td>1961年</td><td>国連の開発の10年。／ベルリンの壁建設</td></tr>
<tr><td>6月　対外経済協力審議会を設置</td><td>1961年</td><td>9月　OECD発足に伴い開発援助委員会（DAC）を設置</td></tr>
<tr><td>1962年</td><td>外務省の中に経済協力局を設置</td><td>1962年</td><td>キューバ危機が勃発</td></tr>
<tr><td>1962年</td><td>6月　海外技術協力事業団（OTCA）設立</td><td rowspan="2">1964年</td><td rowspan="2">2月　プレビッシュ報告「開発のための新しい貿易政策」発表。／3月　第1回国連貿易開発会議（UNCTAD）。</td></tr>
<tr><td>1963年</td><td>開発援助委員会（DAC）加盟</td></tr>
<tr><td>1964年</td><td>4月　経済協力開発機構（OECD）に加盟</td><td>1965年</td><td>米軍、北ベトナム爆撃開始。ベトナム戦争</td></tr>
<tr><td>1965年</td><td>4月　海外青年協力隊（JOCV）を創設</td><td rowspan="2">1967年</td><td rowspan="2">77カ国グループ、先進国にGDP 1％の経済援助を要求する「アルジェ憲章」を採択</td></tr>
<tr><td>1966年</td><td>8月　アジア開発銀行（ADB）が発足。日本は原加盟国で総裁を派遣。</td></tr>
<tr><td>1969年</td><td>無償資金協力の開始</td><td>1969年</td><td>ピアソン報告「開発におけるパートナーシップ」</td></tr>
<tr><td>1969年</td><td>4月　ADB総会で5年以内に援助倍増を表明</td><td rowspan="2">1970年</td><td rowspan="2">1月　ティンバーゲン報告「第二次国連開発の10年のための指針と提案」を発表</td></tr>
<tr><td>1972年</td><td>9月　田中角栄訪中、中国と国交正常化</td></tr>
<tr><td>1972年</td><td>援助実績、英国抜いて世界第4位に</td><td>1971年</td><td>米国、新経済政策発表。ブレトンウッズ体制終焉</td></tr>
</table>

年次	日本の ODA 政策	年次	世界と日本の動き
1972 年	田中首相「農業の国際分業論」から、櫻内農相「食料自給論」、倉石農相「農産物開発輸入」へ	1972 年	**夏、世界食糧危機**。ソ連が穀物メジャーから大量買付け。／ニクソン訪中
1973 年	2月内閣改造。福田蔵相、倉石農相、保利行政管理庁長官。12月、5省庁が JICA 創設で合意。	1973 年	**第一次石油危機**。OPEC 原油価格引き上げ。資源ナショナリズムと南内部の格差が露呈
1974 年	**8月　国際協力事業団（JICA）設立**。旧海外技術協力事業団、海外移住事業団の統合	1973 年	米国 USAID が New Direction 戦略。のち世銀マクナマラ長官の BHN 戦略へ
	Ⅱ．計画拡充期（1977 ～ 1991 年）		
1977 年	8月　福田首相、マニラで「福田ドクトリン」発表		
1978 年	7月　ODA 第1次中期目標策定。1980 年の援助実績を 1977 年の2倍にする	1978 年	中国の華国鋒、改革と開放路線に転換
		1979 年	第二次石油危機の発生
1980 年	**対中国向け経済援助開始**	1981 年	10月　「協力と開発に関する南北サミット」
1981 年	1月　ODA 第2次中期目標策定（5年倍増計画）	1982 年	8月　メキシコが債務危機に陥る
	円高が進み、 ドル換算の目標をクリア	1983 年	フィリピン、アキノ上院議員暗殺
		1984 年	日本、世銀の第2位の出資国になる
1985 年	**1月　ODA 第3次中期目標策定（7年倍増計画、円高により2年繰り上げ）**。	1985 年	7月　プラザ合意により先進国間で為替調整。急速な円高が進行
1986 年	4月　NHK「いま開発援助を考える」	1986 年	**国会「マルコス疑惑」**、フィリピン「2月革命」
1987 年	**「資金還流計画」**1987 年から3年間に 300 億ドル以上		
	9月　国際緊急援助隊の派遣法成立。		
1987 年	通産省・JETRO「新アジア工業化総合協力プラン」（New AID Plan）開始	1987 年	4月　環境と開発に関する世界委員会（WCED、ブルントラント委員会）発足
1988 年	1月　ODA 第4次中期目標策定（5年倍増計画）。	1989 年	日米構造協議が米国の提案で発足

年次	日本の ODA 政策	年次	世界と日本の動き
1989 年	**米国を抜いて援助金額が世界 1 位に。**	1989 年	東欧革命。ベルリンの壁崩壊。**冷戦終結**
1989 年	11 月　NHK スペシャル「援助はこうして決められる」	1990 年	国連開発計画（UNDP）『人間開発報告書』刊行
1990 年	金銭のみの援助に国際社会から批判	1990 年	8 月　**中東で「湾岸危機」が発生**
1991 年	**4 月「ODA4 指針」を発表。援助受取国について**、①軍事支出、②大量破壊兵器の開発・製造、③武器の輸出入の動向、④民主化と基本的人権の動向の 4 点に十分注意を払う	1991 年	1 月　**湾岸戦争が勃発。日本は多国籍軍に合計 130 億ドルの拠出**。援助と軍事協力の関係や援助の原則をめぐる議論が噴出する。／ 12 月　ソ連の解体
Ⅲ．政策・理念充実期（1992 年～ 2002 年）			
1992 年	**6 月　第一次 ODA 大綱を策定。** 4 つの原則を決める。①環境と開発の両立、②軍事的用途の回避、③国際平和と安定の維持、④開発途上国の民主化の促進、市場志向経済の導入。初めてアジアを重点地域に指定	1992 年	6 月　国連環境開発会議（UNCED）を開催。／ 1991 年からバブル崩壊、日本は構造不況へ
	8 月　PKO 協力法（国際平和協力法）を施行。これにもとづきカンボジアの UNTAC に自衛隊派遣。		**2 大大国時代の終焉**
1993 年	6 月　ODA 第 5 次中期目標策定及び資金協力	1993 年	11 月　欧州連合（EU）が成立
	10 月　第 1 回アフリカ開発会議（TICAD1）開催。		11 月　第 1 回 APEC 首脳会議を開催
1997 年	大蔵省 NGO 定期協議開始。	1995 年	1 月　世界貿易機関（WTO）設立
1997 年	**4 月「21 世紀に向けての ODA 改革懇談会」発足⇒ 98 年 1 月、最終報告を発表。**	1996 年	5 月　OECD 開発援助委員会（DAC）が「新開発戦略」を採択
1998 年	PKO 協力法の改正	1997 年	**7 月　アジア通貨危機が発生**

年次	日本のODA政策	年次	世界と日本の動き
1999年	**10月　国際協力銀行が発足（基金と輸銀の統合）**	1998年	インドネシア・スハルト大統領退陣
	11月　ODAに関する中期政策（質の向上）	1999年	国連人口特別総会を開催
2000年	政府「ジャパン・プラットフォーム」創設	2000年	**9月　国連ミレニアム・サミットで「ミレニアム開発目標」（MDGs）を採択。**
2001年	外務省『政府開発援助白書』刊行開始		
2002年	**3月　第二次ODA改革懇談会の最終報告。**国民参加、透明性の確保、効率性の向上	2001年	**9月　米国「9.11同時多発テロ」勃発。**／12月　中国がWTOに加盟。
2002年	**草の根・人間の安全保障無償資金協力（NGO連携）の開始。**	2002年	8月　持続可能な開発に関する世界首脳会議（WSSD）。／中国のGDP（PPPベース）が日本を抜いて世界第2位へ
Ⅳ．新たな時代への対応（2003年～2014年）			
2003年	**8月　第二次ODA大綱の策定。基本方針5点。**①開発途上国の自助努力支援、②人間の安全保障の視点、③公平性の確保、④我が国の経験と知見の活用、⑤国際社会における協調と連携。**重点課題4点。**①貧困削減、②持続的成長、③地球的規模の問題への取り組み、④平和の構築。**重点地域は**引き続きアジア	2003年	イラク戦争（第二次湾岸戦争）。米英軍がイラク進攻
			SARSが大流行する
2003年	**10月　JICA（国際協力事業団）を独立行政法人化。**「国際協力機構」へ名称変更	2004年	**12月　スマトラ沖で大地震。**タイやスリランカで津波被害。死者・行方不明22万人以上
2005年	1月　「防災協力イニシアティブ」発表	2005年	1月　国連防災世界会議（神戸）開催
2006年	経団連、海外経済協力に関する提言	2006年	4月　G8感染症国際会議開催。／鳥および新型インフルエンザの拡大に対する国際対応
2007年	対中国援助に終止符。30年間で3.3兆円		

年次	日本の ODA 政策	年次	世界と日本の動き
2008 年	技術協力（JICA）と円借款（JBIC）の統合／ソマリア沖海賊対策で自衛隊を派遣	2008 年	**世界金融危機（リーマンショック）発生**。／ G20 サミット（20 カ国・地域首脳会合）発足
2008 年	老舗の ODA 開発コンサルタント（PCI）、ベトナムで贈収賄事件発覚。責任とって事業閉鎖	2009 年	第 2 回 G20 サミット（ピッツバーグ）で、G20 が国際協力の第一の協議体であることを確認
2009 年	ODA 支出純額、世界で第 5 位に転落	2009 年	民主党、鳩山政権成立
2010 年	岡田外相「ODA 評価有識者会議」を廃止	2010 年	尖閣諸島をめぐり日中対立が先鋭化
2012 年	1 月から 5 年間、PKO 協力法にもとづき、国連南スーダン共和国ミッションに自衛隊を派遣	2011 年	エジプト革命（アラブの春）／ **3.11 東日本大震災、福島原発事故発生**
2013 年	第 5 回アフリカ開発会議（TICAD5）、51 カ国が参加	2012 年	12 月　習近平体制開始。13 年 3 月国家主席に
2014 年	**集団的自衛権の行使容認の閣議決定**	2013 年	オバマ米国大統領、第二期開始
2014 年	ODA 大綱見直し有識者懇談会、設置	2014 年	ロシア、クリミア併合／インド、モディ政権成立
V．経済援助から平和構築へ（2015 年 - 現在）			
2015 年	**2 月　開発協力大綱を閣議決定。理念は、非軍事的協力による平和への貢献**。新しい時代の開発協力＝「質の高い成長」（包摂性、持続可能性、強靭性）。触媒としての開発協力＝民間セクター等の連携。多様な主体の開発への参画。	2015 年	**9 月　国連サミットで SDGs（持続可能な開発目標）、「2030 アジェンダ」を採択**。加盟 193 か国が 2016 年から 30 年までの 15 年間で達成すべき 17 の目標を設定。／ 11 月　パリで同時多発テロ発生
	5 月　政府は ADB と連携して、向こう 5 年間に合計 1100 億ドルの**「質の高いインフラ投資」**をアジアで実施と発表。		**12 月　中国主導のアジアインフラ投資銀行（AIIB）が正式発足**。2017 年 3 月、加盟が 70 国・地域になり、ADB の 67 を超える。

年次	日本の ODA 政策	年次	世界と日本の動き
2016 年	5月　G7 伊勢志摩サミットで、日本「質の高いインフラ投資」を強調／8月　ナイロビで第6回アフリカ開発会議開催（TICAD6）。その場で**安倍首相「自由で開かれたインド太平洋戦略」を提唱**	2016 年	6月　イギリス、国民投票でEU 離脱を決定（20 年 1 月実施）。／9月　オバマ大統領の呼びかけで「難民サミット」開催。／12 月　SDGs 推進本部が5つの実施原則と今後のフォローアップ体制を発表。
2017 年	ベトナム、フィリピン、マレーシア、インドネシアに円借款を使って巡視船を供与もしくは整備。／9月　安倍首相インド訪問。新幹線建設協力で合意。	2017 年	1月　トランプ、米国大統領に就任。その後、米国は TPP の交渉、COP21 パリ協定から離脱。／5月　北京で「一帯一路国際協力サミット」開催。130 か国が参加。／10 月　習近平第二期体制へ
2018 年	10 月　安倍首相訪中。すべての対中 ODA 新規供与の終了を声明。／**インドに対し7件の円借款に署名**。供与限度額は合計 3165 億円。 11 月　ODA に関する有識者懇談会が外相に提言。開発協力の中の役割分担ほか5項目。	2018 年	5月　トランプ米大統領、中国製品に 25％関税。**米中貿易摩擦が勃発**。／6月　シンガポールで初の米朝首脳会談。／9月　北京で「中国アフリカ協力フォーラム」首脳会議。50 か国以上から首脳クラスが参加。
2019 年	**8月　東京で第7回アフリカ開発会議（TICAD7）を開催**。 11 月　名古屋で G20 外相会合。SDGs の実現とアフリカの開発が主要な議題に。	2019 年	9月　SDGs サミットをニューヨークで開催。／12 月　中国武漢で新型コロナウイルス感染者。以後、世界中に広がる

（注）ODA の５つの時期区分と時期の特徴づけは外務省資料、出所の(1)(3)などにもとづく。年表は末廣作成。

（出所）(1) 外務省『ODA50 年の成果と歩み、50th Anniversary 1954-2004』2004 年。

(2) 外務省「資料編　わが国の途上国援助の軌跡（1945 年～ 2001 年 12 月）」『政府開発援助（ODA）白書 2001 年版』。

(3) 外務省「日本の政府開発援助の軌跡（1945 年～ 2008 年 10 月）」『政府開発援助（ODA）白書 2008 年版』。

(4) 外務省『開発協力白書』2015 年版から 2019 年版。

(5) 荒木光弥『途上国援助――歴史の証言』全 4 巻、国際開発ジャーナル社、1997 年（1970 年代と 1980 年代）、2005 年（1990 年代）、2012 年（2000 年代）。

(6) 荒木光弥『ODA 削減でいいのか日本』国際開発ジャーナル社、2011 年 9 月。

(7) 荒木光弥「コロンボプラン加盟、わが国 60 年の援助潮流」（荒木光弥塾配布資料、2017 年 2 月 22 日）。

付表２　開発援助委員会（DAC）加盟主要国によるODA実績（支出純額ベース）、1970年～2019年（100万ドル）

暦年	DAC合計	日本	日本の順位	米国	イギリス	ドイツ	フランス
1970	6,811	458	第４位	3,050	446	599	971
1971	7,690	511	第５位	3,324	562	734	1,075
1972	8,538	611	第４位	3,349	609	808	1,320
1973	9,351	1,011	第４位	2,968	603	1,102	1,461
1974	11,302	1,126	第４位	3,437	717	1,433	1,615
1975	13,588	1,148	第４位	4,007	864	1,689	2,093
1976	13,953	1,105	第４位	4,360	885	1,593	2,146
1977	15,733	1,424	第４位	4,682	1,114	1,717	2,267
1978	19,992	2,215	第４位	5,664	1,465	2,347	2,705
1979	22,820	2,685	第４位	4,684	2,157	3,393	3,449
1980	27,296	3,353	第４位	7,138	1,852	3,567	4,162
1981	25,568	3,171	第４位	5,782	2,195	3,181	4,177
1982	27,777	3,023	第４位	8,202	1,800	3,152	4,034
1983	27,590	3,761	第３位	8,081	1,610	3,176	3,815
1984	28,738	4,319	第２位	8,711	1,430	2,782	3,788
1985	29,428	3,797	第３位	9,403	1,530	2,942	3,995
1986	36,663	5,634	第２位	9,564	1,737	3,832	5,105
1987	41,535	7,454	第２位	9,115	1,871	4,391	6,525
1988	48,132	9,134	第２位	10,141	2,645	4,731	6,865
1989	46,723	8,965	第１位	7,677	2,587	4,948	7,450
1990	52,961	9,069	第２位	11,394	2,638	6,320	7,163
1991	56,678	10,952	第２位	11,262	3,201	6,890	7,386
1992	60,850	11,151	第１位	11,709	3,243	7,583	8,270
1993	56,498	11,259	第１位	10,123	2,920	6,954	7,915
1994	59,156	13,239	第１位	9,927	3,197	6,818	8,466
1995	58,894	14,489	第１位	7,367	3,157	7,524	8,443
1996	55,438	9,439	第１位	9,377	3,199	7,601	7,451
1997	47,580	9,358	第１位	6,168	3,371	5,913	6,348
1998	51,888	10,640	第１位	8,786	3,864	5,581	5,742

暦年	DAC 合計	日本	日本の順位	米国	イギリス	ドイツ	フランス
1999	56,378	15,323	第1位	9,145	3,401	5,515	5,637
2000	53,504	13,508	第1位	9,581	4,458	5,034	4,221
2001	52,336	9,847	第2位	11,429	4,579	4,990	4,198
2002	58,274	9,283	第2位	13,290	4,924	5,324	5,486
2003	69,029	8,880	第2位	16,254	6,282	6,784	7,253
2004	78,616	8,906	第2位	18,999	7,836	7,497	8,475
2005	106,777	13,147	第2位	27,622	10,767	10,082	10,026
2006	104,370	11,136	第3位	23,532	12,459	10,435	10,601
2007	103,643	7,679	第5位	21,753	9,921	12,267	9,940
2008	121,483	9,579	第5位	26,842	11,500	13,981	10,908
2009	119,562	9,469	第5位	28,665	11,505	11,982	12,431
2010	128,459	11,021	第5位	30,353	13,053	12,985	12,915
2011	134,038	10,831	第5位	30,924	13,659	14,093	12,997
2012	125,437	10,605	第5位	30,460	13,891	13,108	12,106
2013	134,628	11,582	第4位	31,545	17,881	14,059	11,376
2014	135,242	9,266	第5位	32,929	19,387	16,249	10,371
2015	131,433	9,203	第4位	30,986	18,545	17,940	9,039
2016	144,921	10,417	第4位	34,421	18,053	24,736	9,622
2017	147,169	11,463	第4位	34,732	18,103	25,005	11,331
2018	150,059	10,064	第5位	33,787	19,462	25,670	12,840
2019	147,373	11,639	第5位	33,889	19,343	23,729	11,980

（出所）(1) 1999年度までのODA実績は、通産省『経済協力の現状と問題点』各年版、アジア経済研究所編『経済協力ハンドブック』1980年版より1997年版。
(2) 2000年～2014年度のODA実績は外務省『政府開発援助（ODA）白書』『開発協力白書　日本の国際協力』各年版。
(3) 2015年度～2019年度（暫定）：OECD, "Net ODA from DAC Countries from 1950 to 2019."（https://www.oecd.org/dac/financing-sustainable-development/development-finance-standards/official-development-assistance.htm、2020年6月14日アクセス）。以上より末廣作成。

付表３　日本の政府開発援助（ODA）の形態別実績（支出純額ベース）、1970 年～ 2018 年（100 万ドル、％）

暦年	ODA 実績合計	2国間援助（100 万ドル）				国際機関向け拠出・出資	名目 GNI 比率（%）
		合計	無償資金協力	技術協力	政府貸付等		
1970	458	372	100	22	250	87	0.23
1971	511	433	98	28	307	79	0.23
1972	611	478	135	36	307	133	0.21
1973	1,011	765	163	57	545	246	0.25
1974	1,126	881	135	64	682	246	0.24
1975	1,148	851	115	87	649	297	0.24
1976	1,105	753	77	108	568	352	0.20
1977	1,424	900	89	148	663	525	0.21
1978	2,215	1,531	162	221	1,148	684	0.23
1979	2,638	1,921	318	242	1,361	716	0.26
1980	3,304	1,961	375	277	1,308	1,343	0.31
1981	3,171	2,260	432	378	1,450	910	0.28
1982	3,023	2,367	412	393	1,562	656	0.28
1983	3,761	2,425	535	458	1,432	1,336	0.33
1984	4,319	2,427	543	521	1,363	1,891	0.34
1985	3,797	2,557	636	549	1,372	1,240	0.29
1986	5,634	3,847	855	849	2,143	1,788	0.28
1987	7,454	5,248	1,154	1,067	3,027	2,207	0.31
1988	9,134	6,422	1,483	1,425	3,514	2,712	0.31
1989	8,965	6,779	1,556	1,481	3,741	2,186	0.31
1990	9,222	6,940	1,374	1,645	3,920	2,282	0.31
1991	11,034	8,870	1,525	1,870	5,475	2,163	0.32
1992	11,332	8,484	1,733	2,132	4,620	2,848	0.30
1993	11,474	8,164	2,019	2,602	3,544	3,310	0.27
1994	13,469	9,680	2,403	3,020	4257	3,788	0.28
1995	14,728	10,557	2,973	3,462	4,123	4,170	0.28
1996	9,608	8,354	2,396	3,181	2,780	1,252	0.21
1997	9,358	6,552	2,015	2,970	1,568	2,806	0.22
1998	10,683	8,597	2,174	2,771	3,656	2,086	0.28
1999	15,323	10,475	2,317	3,157	5,000	4,847	0.34
2000	13,508	9,768	2,100	3,578	4,090	3,740	0.28
2001	9,847	7,458	1,904	2,837	2,716	2,389	0.23

暦年	ODA 実績合計	2国間援助（100 万ドル）				国際機関向け拠出・出資	名目 GNI 比率（%）
		合計	無償資金協力	技術協力	政府貸付等		
2002	9,283	6,692	1,716	2,657	2,320	2,591	0.23
2003	8,880	6,334	1,696	2,747	1,891	2,545	0.20
2004	8,922	5,917	4,324	2,807	**-1,213**	2,988	0.19
2005	13,147	10,406	6,523	2,671	1,211	2,740	0.28
2006	11,187	7,262	5,047	2,613	**-347**	3,874	0.25
2007	7,747	5,778	3,416	2,569	**-205**	1,907	0.17
2008	9,699	6,939	4,781	3,058	**-900**	2,760	0.19
2009	9,551	6,256	5,406	3,195	684	3,295	0.18
2010	11,112	7,428	3,464	3,488	474	3,684	0.20
2011	10,831	6,943	5,033	3,534	**-1,624**	3,888	0.18
2012	10,604	6,402	3,117	3,641	**-356**	4,202	0.17
2013	11,582	8,611	7,032	2,803	**-1,224**	2,970	0.23
2014	9,266	5,080	2,450	2,630	932	3,255	0.19
2015	9,203	6,166	2,641	2,369	1,156	3,037	0.20
2016	10,417	7,048	2,807	2,776	1,466	3,368	0.20
2017	11,463	8,080	2,617	2,883	2,580	3,382	0.23
2018	10,064	6,099	2,631	2,648	820	3,965	0.20

（注）(1)「無償資金協力」は、二国間無償協力のうち「1．経済開発援助」と「2．食糧援助」を足したもの。

(2) 政府貸付等には円建ての円借款のほか、ドル建ての円借款、法人に対する海外投融資を含む。

(3) 政府貸付等は「貸付実行額」から「債務救済を除く回収額」を差し引いたもの。2010年代以降、韓国、中国、タイ、インドネシア、フィリピンなどはマイナスとなっている。付表4も参照のこと。

(4) 2000年度以降は東欧並びに卒業国向けの援助額を除いた支出純額を指す。国際機関出資はEBRD向け拠出金を除く。

（出所）(1) 1970年度から1999年度までのODA実績は、通産省『経済協力の現状と問題点』各年版、アジア経済研究所編『経済協力ハンドブック』より作成。

(2) 2000年度以降のODA実績は、外務省『政府開発援助（ODA）白書』、並びに『開発協力白書』各年版の「付表　日本の政府開発援助実績」より末廣作成。

付表４－１　日本の二国間 ODA の実績（支出純額と支出総額ベース）、1971 年～ 2018 年（100 万ドル）

暦年	二国間 ODA 実績	アジア合計	アジア合計（その他アジア含む）				
			北東アジア			東南アジア	
			北東アジア	韓国	中国	東南アジア	インドネシア
1971	432	425.0	126.5	124.2	0	194.3	111.9
1972	478	468.4	114.3	112.7	0	266.4	103.2
1973	765	674.2	137.7	156.6	0	360.5	142.9
1974	880	762.7	159.0	167.8	0	433.7	221.0
1975	850	637.8	75.7	87.4	0	407.1	198.0
1976	753	763.5	5.4	24.2	0	587.1	200.0
1977	899	536.7	73.3	84.3	0	289.4	148.0
1978	1,531	917	55.1	66.1	0	488	228.0
1979	1,921	1,331	56.8	54.2	2.6	607	227
1980	1,961	1,374	80.6	76.3	4.3	705	350
1981	2,260	1,603	326.5	295.6	27.7	801	300
1982	2,367	1,622	370.7	3.8	369	697	294
1983	2,425	1,612	343.4	**-6.6**	350	746	235
1984	2,427	1,587	340.9	**-48.1**	389	843	168
1985	2,557	1,729	383.6	**-4.4**	388	816	161
1986	3,846	2,490	483.2	**-13.8**	497	932	161
1987	5,247	3,413	559.6	6.6	553	1,711	707
1988	6,423	4,031	690.0	12.6	674	1,972	985
1989	6,779	4,236	919	41.0	832	2,226	1,145
1990	6,786	4,139	835	50.4	723	2,379	868
1991	8,860	4,438	713	0.0	585	2,263	1,065
1992	8,484	5,524	1,166	0.0	1,051	3,361	1,357
1993	8,164	4,861	1,447	0.0	1,351	2,440	1,149
1994	9,680	5,570	1,567	**-50.3**	1,489	2,196	877
1995	10,551	5,745	1,606	64	1,380	2,592	892
1996	8,356	4,145	869	**-128**	862	1,858	965
1997	6,613	3,075	530	**-140**	577	1,416	497
1998	8,606	5,372	1,211	**-49**	1,158	2,437	828
1999	10,497	6,631	1,282	**-49**	1,226	3,921	1,606
2000	9,640	5,284	700	**-184**	769	3,155	970
2001	7,452	4,220	694	n.a.	686	2,117	860
2002	6,726	4,086	865	0	829	1,753	538
2003	6,013	3,226	396	0	760	1,498	1,142

暦年	二国間 ODA 実績	アジア合計	アジア合計（その他アジア含む）				
			北東アジア			東南アジア	
			北東アジア	韓国	中国	東南アジア	インドネシア
2004	5,954	2,544	978	0	965	907	**-319**
2005	10,485	3,841	1,066	0	1,064	2,002	1,223
2006	7,483	2,002	618	0	561	725	**-90**
2007	5,840	1,633	486	0	436	625	**-222**
2008	6,939	1,074	353	0	278	**-331**	**-285**
2009	6,081	2,218	232	0	142	893	**-513**
2010	7,428	2,528	**-131**	0	**-193**	928	61
2011	6,510	1,371	**-399**	0	**-481**	**-144**	**-634**
2012	6,352	1,612	**-718**	0	**-838**	483	**-880**
2013	8,524	3,449	**-637**	0	**-793**	2,499	**-821**
2014	5,968	1,977	**-786**	0	**-886**	826	**-1,192**
2015	6,116	1,626	**-659**	0	**-743**	589	**-999**
2016	7,012	1,788	**-774**	0	**-949**	506	**-1,206**
2017	8,036	3,600	**-448**	0	**-949**	400	**-1,048**
2018	6,061	1,493	**-870**	0	**-932**	**-501**	**-948**
	支出総額ベース（100 万ドル）						
2008	14,889	7,507	1,282	0	1,200	3,180	1,324
2009	13,326	7,799	1,299	0	1,200	4,153	1,416
2010	15,278	8,106	1,072	0	993	4,115	1,594
2011	16,461	7,963	1,075	0	964	3,588	1,031
2012	14,575	8,157	672	0	532	4,182	822
2013	19,589	12,526	515	0	325	9,234	968
2014	12,464	7,271	271	0	142	3,902	570
2015	11,993	6,333	252	0	151	3,272	479
2016	13,451	7,038	219	0	28	3,496	400
2017	15,084	9,009	527	0	10	2,256	521
2018	13,298	7,509	93	0	5	2,992	638

（注）北東アジア、東南アジア、インドネシア、フィリピンなどで数字がマイナスになっているのは、過去の貸し付けの回収額が新規貸付額（支出総額）を上回っているため。中国はすでに新規貸付は実施しておらず、回収のみが続いている。

（出所）1999 年度までは通産省編『経済協力の現状と問題点』各年度版、2000 年度以降は、外務省『政府開発援助（ODA）国別データブック』並びに『開発協力白書』各年版より末廣作成。

付表４－２　日本の二国間 ODA の実績（支出純額と支出総額ベース）、1971 年～ 2018 年（100 万ドル）

暦年	アジア合計（その他アジア含む）				中東・北アフリカ	サブサハラ・アフリカ	中南米
	東南アジア			南アジア			
	フィリピン	タイ	ベトナム				
1971	29.6	15.5	8.6	104.1	3.7	0.0	**-14.6**
1972	103.5	15.5	11.5	87.7	**-0.2**	0.0	8.3
1973	141.6	17.6	18.0	176	2.2	18.6	35.2
1974	73.3	17.4	54.6	170	11.9	34.6	39.5
1975	70.3	41.2	17.3	155	84.3	59.0	47.0
1976	75.5	43.1	28.4	171	44	46	49
1977	30.6	51.8	12.5	174	206	58	59
1978	66.0	1.4	28.5	374	315	128	87
1979	89	180	39.0	667	166	208	132
1980	94	190	3.7	588	187	233	90
1981	210	214	0.9	476	131	218	176
1982	136	170	1.3	554	156	278	184
1983	147	248	0.7	523	150	287	241
1984	160	232	1.1	403	184	239	229
1985	240	264	0.6	529	149	278	225
1986	438	260	5.7	1,075	236	451	316
1987	379	302	0.3	1,142	286	593	418
1988	535	361	4.8	1,369	388	943	399
1989	404	489	1.6	1,162	368	1,080	563
1990	641	419	1.3	960	705	830	561
1991	459	406	7.1	1,543	1,807	910	847
1992	1,031	414	281	988	364	859	772
1993	758	350	11.5	959	522	966	737
1994	589	377	75.1	1,758	751	1,144	822
1995	416	667	170	1,435	721	1,333	1,141
1996	414	664	121	1,320	561	1,067	986
1997	319	468	232	963	513	803	715
1998	298	558	389	1,463	392	950	553
1999	413	880	680	1,168	544	995	814
1999	413	880	680	1,168	544	995	814
2000	304	635	923	1,130	726	969	800
2001	298	209	460	1,157	286	852	738
2002	318	222	375	1,159	207	584	592

暦年	アジア合計（その他アジア含む）				中東・北アフリカ	サブサハラ・アフリカ	中南米
	東南アジア			南アジア			
	フィリピン	タイ	ベトナム				
2003	529	**-1,002**	484	963	414	531	464
2004	211	**-55**	615	343	1,028	648	309
2005	276	**-314**	602	562	3,476	1,139	409
2006	263	**-454**	563	518	1,048	2,533	431
2007	222	**-477**	640	262	948	1,701	226
2008	**-281**	**-748**	619	836	2,365	1,396	269
2009	**-8**	**-150**	1,191	843	661	1,403	143
2010	**-88**	**-143**	808	1,532	1,588	1,733	**-343**
2011	**-567**	**-184**	1,013	1,662	1,063	1,734	334
2012	**-419**	**-242**	1,647	1,550	1,495	1,718	**-194**
2013	**-402**	**-193**	1,307	1,330	1,539	2,137	**-34**
2014	**-93**	157	1,523	1,469	810	1,557	30
2015	70	**-83**	1,075	1,449	864	1,789	**-17**
2016	**-211**	112	1,166	1,751	1,288	1,389	82
2017	**-142**	92	928	2,957	1,079	1,595	**-349**
2018	68	**-540**	204	2,554	934	1,215	191
	支出総額ベース（100万ドル）						
2008	474	119	795	2,734	3,154	1,495	768
2009	685	115	1,414	1,973	1,350	1,556	733
2010	687	226	1,117	2,637	2,337	1,766	1,005
2011	414	310	1,368	2,942	1,869	3,050	851
2012	437	289	2,036	2,840	2,237	1,799	473
2013	257	607	1,680	2,437	2,259	2,896	387
2014	473	416	1,884	2,552	1,443	1,643	434
2015	542	173	1,419	2,467	1,420	1,867	438
2016	302	414	1,583	2,915	1,945	1,490	429
2017	352	389	1,390	4,332	1,735	1,703	372
2018	562	271	674	3,996	1,683	1,333	452

（出所）付表４－１を参照。

付表５　日本の二国間 ODA 上位５か国の推移、1970 年～ 2018 年（支出純額ベース、100 万ドル）

順位	1970 年　国名	金額	1975 年　国名	金額	1980 年　国名	金額
1 位	インドネシア	126	インドネシア	198	インドネシア	350
2 位	韓国	87	韓国	87	バングラデシュ	215
3 位	パキスタン	40	フィリピン	70	タイ	190
4 位	インド	33	マレーシア	63	ビルマ	152
5 位	フィリピン	19	エジプト	50	エジプト	123
順位	1985 年　国名	金額	1990 年　国名	金額	1995 年　国名	金額
1 位	中国	388	インドネシア	868	中国	1,380
2 位	タイ	264	中国	723	インドネシア	892
3 位	フィリピン	240	フィリピン	647	タイ	667
4 位	インドネシア	161	タイ	419	インド	506
5 位	ビルマ	154	バングラデシュ	374	フィリピン	416
順位	2000 年　国名	金額	2005 年　国名	金額	2010 年　国名	金額
1 位	インドネシア	970	インドネシア	1,225	インド	981
2 位	ベトナム	923	中国	1,064	ベトナム	808
3 位	中国	769	ベトナム	602	アフガニスタン	746
4 位	タイ	635	コンゴ共和国	376	トルコ	543
5 位	インド	368	スリランカ	313	パキスタン	208
順位	2012 年　国名	金額	2015 年　国名	金額	2018 年　国名	金額
1 位	ベトナム	1,647	ベトナム	1,075	インド	1,375
2 位	アフガニスタン	874	インド	868	バングラデシュ	1,179
3 位	インド	705	バングラデシュ	375	ミャンマー	537
4 位	イラク	361	ミャンマー	351	イラク	474
5 位	バングラデシュ	305	イラク	325	ベトナム	204

（出所）⑴ 1970 年～ 1995 年：「国益・地球益としての ODA」『外交フォーラム』131 号、1999 年 7 月、37 頁。

⑵ 2000 年～ 2018 年：外務省『ODA 白書』、同『開発協力白書』の各年版より末廣作成。

編者紹介

末廣昭（すえひろ あきら）

学習院大学教授、東京大学名誉教授。1951年生まれ。東京大学経済学博士。アジア経済社会論・地域研究。『Capital Accumulation in Thailand 1855-1985』（ユネスコ、1989年、日経・経済図書文化賞、大平正芳記念賞）、『キャッチアップ型工業化論』（名古屋大学出版会、2000年、毎日新聞社アジア・太平洋賞大賞）、『ファミリービジネス論』（名古屋大学出版会、2006年、樫山純三賞）、『タイ—中進国の模索』（岩波新書、2009年）、『新興アジア経済論』（岩波書店、2014年）ほか多数。東南アジア研究の功績で紫綬褒章、福岡アジア文化賞学術研究賞などを受賞。アジア政経学会理事長、日本タイ学会会長を歴任。

宮城大蔵（みやぎ たいぞう）

上智大学教授。1968年生まれ。1992年、立教大学法学部卒業。NHK記者を経て、2001年、一橋大学大学院法学研究科博士課程修了。博士（法学）。政策研究大学院大学助教授などを経て現職。著書に『バンドン会議と日本のアジア復帰』（草思社、2001年）、『戦後アジア秩序の模索と日本』（創文社、2004年、サントリー学芸賞、中曽根康弘賞）、『現代日本外交史』（中公新書、2016年）、『戦後日本のアジア外交』（共編著、ミネルヴァ書房、2015年、国際開発研究大来賞）、*Japan's Quest For Stability in Southeast Asia*, Routledge, 2017などがある。

千野境子（ちの けいこ）

ジャーナリスト、産経新聞客員論説委員。1944年生まれ。1967年、早稲田大学文学部卒業。同年、産経新聞東京本社に入社し、マニラ特派員、ニューヨーク支局長、外信部長、シンガポール支局長、特別記者、論説委員長などを務めた。2012年に退社。また第二次ODA改革懇談会とODA総合戦略会議の委員。東南アジア報道で97年度ボーン・上田記念国際記者賞を受賞。主な著書に『ペルー遥かな道』（中公文庫）、『インドネシア9.30クーデターの謎を解く』（草思社）、『日本はASEANとどう付き合うか』（同）、『戦後国際秩序の終わり』（連合出版）など。

高木佑輔（たかぎ ゆうすけ）

政策研究大学院大学准教授。1981年生まれ。慶應義塾大学より博士（法学）取得。フィリピン共和国デラサール大学助教授、在フィリピン日本大使館専門調査員等を経て現職。専門は東南アジア地域研究と政治学。*Central Banking as State Building: Policymakers and Their Nationalism in the Philippines, 1933-1964*（アテネオ・デ・マニラ大学出版会、シンガポール国立大学出版会、京都大学出版会、2016年、大平正芳記念賞）。*Developmental State Building: The Politics of Emerging Economies* (Springer Open, 2019, Veerayooth Kanchoochat、園部哲史との共編)。

【著者紹介】
荒木光弥（あらき みつや）
1936年生まれ。同志社大学文学部社会学科（新聞学専攻）卒業。『国際開発ジャーナル』創刊に参画。70年に国際開発ジャーナル社の代表取締役・編集長に就任。JICA創設やODA改革など、日本の国際協力に尽力してきた。政府委員として外務省の「第二次ODA改革懇談会」委員（01年）、「ODA総合戦略会議」（外相議長）委員（02年）、「国際協力に関する有識者会議」委員（07年）などを歴任。著書に『途上国援助 歴史の証言』（全4巻）などがある。

国際協力の戦後史

2020年11月5日発行

著　者——荒木光弥
編　者——末廣昭・宮城大蔵・千野境子・高木佑輔
発行者——駒橋憲一
発行所——東洋経済新報社
〒103-8345　東京都中央区日本橋本石町 1-2-1
電話＝東洋経済コールセンター　03(6386)1040
https://toyokeizai.net/

装　丁…………橋爪朋世
D T P…………アイシーエム
印刷・製本……丸井工文社
編集担当………岡田光司

Printed in Japan　　ISBN 978-4-492-06215-9